ALBERT SLOSMAN

EL LIBRO DEL MÁS ALLÁ DE LA VIDA

OMNIA VERITAS.

ALBERT SLOSMAN (1925-1981)

Fascinado por el antiguo Egipto y la Atlántida. Profesor de matemáticas y experto en análisis informático participó en los programas de la NASA para el lanzamiento de Pioneer en Júpiter y Saturno. Su intención era encontrar la fuente del monoteísmo y escribir su historia. Su búsqueda de los orígenes de todo y de todos le llevó, de forma curiosa e inesperada, a centrar su atención en la antigua civilización egipcia, cuya formación y desarrollo fue abordado con una mente abierta e independiente a lo largo de su corta vida. Albert fue un luchador de la resistencia durante la Segunda Guerra Mundial, torturado por la Gestapo, y más tarde víctima de un accidente que lo dejó en coma durante tres años. Slosman era una persona de apariencia y salud extremadamente frágil, pero animada por una intensa fuerza interior que lo mantenía vivo, motivada por el deseo de completar una obra de 10 volúmenes que pretendía ser un enorme tejido de la permanencia del monoteísmo a través del tiempo, y que su prematura muerte no le permitió concluir. Un accidente banal, una fractura del cuello del fémur, tras una caída en los locales de la *Maison de la Radio* de París, le quitó la vida, tal vez porque su cuerpo, (su carcasa humana como le gustaba decir) ya bien sacudido, no pudo soportar una agresión adicional, por insignificante que fuera.

EL LIBRO DEL MÁS ALLÁ DE LA VIDA
CAPÍTULO XVII DEL LIBRO EGIPCIO DE LOS MUERTOS
TRADUCCIÓN DE LOS PAPIROS DE ANI Y NEBSENI

© Omnia Veritas Limited, 2020

Le Livre de l'au-delà de la vie, Baudouin, 1979
Traducido del francés por Antonio Suárez
Publicado por
OMNIA VERITAS LTD

www.omnia-veritas.com

Reservados todos los derechos. No se permite la reproducción total o parcial de esta obra, ni su incorporación a un sistema informático, ni su transmisión en cualquier forma o por cualquier medio (electrónico, mecánico, fotocopia, grabación u otros) sin autorización previa y por escrito de los titulares del copyright. Ninguna parte de esta publicación puede ser reproducida por ningún medio sin permiso previo del editor. La infracción de dichos derechos puede constituir un delito contra la propiedad intelectual.

MANDAMIENTOS PARA ACCEDER AL MÁS ALLÁ DE LA VIDA TERRESTRE 9
CAPÍTULO XVII (A) 11
LA JEROGLÍFICA 67
MANDAMIENTOS PARA ACCEDER AL MÁS ALLÁ DE LA VIDA TERRESTRE 85
CAPÍTULO XVII (B) 87
LA PIEDRA DE ROSETA 135
MANDAMIENTOS PARA ACCEDER AL MÁS ALLÁ DE LA VIDA TERRESTRE 151
CAPÍTULO XVII (C) 153
EL PLANISFERIO DE DENDERA 194
MANDAMIENTOS PARA ACCEDER AL MÁS ALLÁ DE LA VIDA TERRESTRE 217
CAPÍTULO XVII (D) 219
BIBLIOGRAFÍA 265
OTROS TÍTULOS 267

MANDAMIENTOS PARA ACCEDER AL MÁS ALLÁ DE LA VIDA TERRESTRE

El sacerdocio de los más remotos tiempos, parece haber expuesto en este Capítulo XVII del libro sagrado, bajo una simbología desgraciadamente oscura para nosotros, todas sus creencias sobre el Génesis, el origen de la vida y de la muerte, y la resurrección final del hombre.

EMM. DE ROUGÉ
Estudios sobre el Ritual Funerario, Ed. 1861

El capítulo XVII es el texto más antiguo que nos ha llegado y uno de los más importantes del Libro Egipcio de los Muertos. Y para la descripción de la cosmogonía es la exposición más completa que han formulado los sacerdotes.

A. WALLIS-BUDGE
Conservador del Museo Británico
Book of Dead, Ed. 1898

CAPÍTULO XVII (A)

La intuición de los egiptólogos en cuanto al valor de este Capítulo XVII, estaba bien hecha para despertar la curiosidad de los investigadores. Ello suscitó muchas esperanzas que desgraciadamente se desvanecieron a lo largo de las décadas que siguieron en las ediciones sucesivas de este texto, impropiamente denominado "Libro de los Muertos", ya que fueron una desgraciada escritura "falocrática" como se diría hoy. Los jeroglíficos no fueron más que interpretados y no traducidos siguiendo los criterios imaginativos dependiendo de la tendencia religiosa de los autores. Es el fondo mismo de estas inverosimilitudes, más que en sus formas que excusan el erotismo delirante de los escritos sabios que, más tarde en el capítulo, y muy expresamente, vanaglorian la espiritualidad desarrollada de esos primeros primogénitos cuyo origen se pierde en la noche de los tiempos.

Es necesario ver los dos motivos principales, igual de válidos. El primero da cuenta del contexto monoteísta del siglo XIX, donde era tan inadmisible como herético pretender que las primeras dinastías hubieran nacido a orillas del Nilo antes del nacimiento de Adán y que su dios Ptah fuese una reminiscencia claramente anterior, pero idéntica al dios de Abraham y Moisés.

El segundo motivo es el entusiasmo incondicional de un cierto número de eminentes eruditos con el *Précis Hiéroglyphique* presentado por Champollion en 1822 bajo la forma de una carta al señor Dacier, *Secretario Perpetuo de la Academia de París*. Su título sin ambigüedad es: *Carta relativa al alfabeto de los jeroglíficos fonéticos utilizados normalmente por los egipcios para escribir en sus monumentos sus títulos y los nombres*.

La muerte súbita y prematura de este joven y genial egiptólogo de un espíritu innegable volcado a la compresión de los textos, lanzó a sus seguidores en una falsa comprensión del trabajo ejecutado que lo transformaron en diccionario.

Pocos filólogos y orientalistas tuvieron el valor de negar en aquel momento cualquier valor lingüístico al famoso alfabeto, o demostrar la precariedad de tal sistema que resultó ser nulo. Es por lo que desde el principio del siglo XIX una motivación enorme precipitó a los buscadores en la ordenación y el estudio de los papiros que se amontonaban en los museos. Pero el entusiasmo cayó rápidamente frente al resultado conseguido por los que, honradamente, intentaron la traducción literal siguiendo el método sugerido.

Para los demás, el conjunto de las obras interpretadas siguiendo los textos con jeroglíficos semejantes, demostraron aún más las diferencias utilizando el famoso *Précis* de Champollion. En todas las líneas hormiguean situaciones escabrosas, debido a la imposibilidad de un significado preciso de los ideogramas constituyentes de la Lengua Sagrada de la Tradición Original. Los comentadores más dotados intentaron suplir la falta de conocimiento por una incontestable cultura imaginativa. En este Capítulo XVII ello toma proporciones tristes, porque en esta "Morada del Más Allá Eterno", hubiera sido necesario introducirse a pequeños pasos, o mejor, humildemente. Incluso para un profano es fácil darse cuenta leyendo los largos títulos abigarrados y confusos al principio.

Aquí hay dos ejemplos de los más comprensibles:

Capítulo de la resurrección de los manes, de salir el día de la divina región inferior, de estar entre los seguidores de Osiris y de alimentarse de los panes del Buen Ser, de hacer todas las transformaciones en las que se disfruta de ser, y de jugar a las damas; de estar en la sala divina.
Que el alma viviente de Osiris N. esté entre los devotos cerca de la gran sociedad de dioses, en Amenti, después del hundimiento.
(Interpretación de P. PIERRET)

El inicio de las frases útiles a la salida (de la vida) en el descenso al fondo de Nouter-Kher, de cosas útiles en la buena Amenti, de salir el día en toda transformación que ama, de jugar a las damas, de sentarse en la sala de reunión, de aparecer en alma viva.

Dice el escriba Ani después de ser consultado; es útil hacer estas cosas en la tierra, cuando se han realizado las palabras del aniquilamiento.
(Interpretación de E. AMELINEAU)

Más allá de estos textos que se definen literarios, varios autores modernos se empeñaron en demostrar los errores de sus predecesores inspirándose en otras formas de escrituras:

Aquí empiezan los Capítulos
Que relatan la Salida del Alma,
Hacia la plena luz del día,
Su Resurrección en el Espíritu,
Su entrada y sus viajes
En las regiones del Más Allá.
He aquí las palabras para pronunciar
En el día de la sepultura,
En el momento que, separado del cuerpo,
El alma penetra en los mundos
Del Más Allá.
(Interpretación G. KOLPAKTCHY, 1964.)

Día del entierro de Osiris, regresado después de haber salido.
(Interpretación P. BARGUET, 1967)

Entre la extrema brevedad del último egiptólogo, la poesía eslava del anterior y la triste confusión de los dos primeros: ¿dónde situar la verdad del primer día escrito por el primogénito de dios, Osiris? En algún lugar, como la continuación de esta traducción lo demostrará.

En una obra escrita como esta, copiada y vuelta a copiar desde su origen, milenio tras milenio, en este idioma reservado cuyo sentido sólo puede ser sagrado, el significado a la vez lógico, analógico y cronológico, sólo puede ser teológico. No hay duda alguna que su contenido es un mensaje celeste.

Este primer texto escrito en una jeroglífica reconstituída en el momento de la llegada al Segundo-Corazón-de-Dios, o Ath-Ka-Ptah[1] recordaba a los descendientes la necesidad de volver a aprender el conocimiento ancestral que crearía por segunda vez una nueva humanidad, "Imagen" del Creador. Los que fueron salvados de la aniquilación, a fin de renacer sellando una nueva alianza con Dios, elevaron templos a lo largo del gran río, bajo cuya sombra agradecían al Eterno su ley que sería respetada.

El primer objetivo de este texto es muy preciso: hacer comprender a los hombres, que sólo podrían vivir en paz en ese segundo corazón con la única condición de seguir rigurosamente la ley divina. Sólo ella aseguraría después el paso terrestre y el examen de superación hacia la eternidad, un buen acceso a la vida eterna.

Ahí los Menores se reunirán con sus Mayores, convertidos en los Bienaventurados Redimidos de Amenta. Incluso este lugar ha sido objeto de muchas elucubraciones por los autores antiguos. Amenta, en realidad, es el recuerdo fonetizado del venerado Primer Corazón de Dios, *Ahâ-Men-Ptah*, el continente hundido que pasó a ser la Atlántida. Era ciertamente el edén bíblico borrado de la superficie del globo para castigar a los desobedientes y su impiedad.

Este capítulo XVII precisamente fue básicamente vuelto a copiar en el papiro de Ani, cuidadosamente conservado en el Museo Británico, bajo el número 10470, hojas del 5 al 10, y es el escriba Ani, durante la dinastía XVIII, quien lo copió de un antiguo texto sagrado. Es difícil, actualmente, datar el documento original, aún existen numerosas copias, pintadas en los sarcófagos, como el de Sebek-Ahâ de la XII dinastía, cuyo exacto alzado fue efectuado por el egiptólogo alemán Lepsius. También están grabados sobre los muros de las tumbas como el llamado texto de la Pirámide de Unas, de la VI dinastía, que apenas

---

[1] Para comprender bien el origen de este pueblo llegado de otra tierra en busca de una tierra prometida por Dios a los rescatados, leer el Gran Cataclismo. Y *Los Supervivientes de la Atlántida* de la trilogía de los Orígenes del mismo autor.

difiere de sus posteriores, a pesar de los tres milenios de anterioridad sobre el escrito de Ani.

Es también de esta noción desmedida del tiempo con la observación de los fenómenos celestes implicados que nacieron las "Combinaciones Matemáticas Divinas", que son los "Doce Brazos" que rigen la Ley del Creador para su Creación. Hay que recordar todo esto, durante el estudio que sigue, al igual que el extraordinario espíritu conservado en sus mínimos detalles. Por este motivo, el papiro de Ani ha sido elegido, además sólo posee una única rotura en su texto que será sustituida en el momento preciso por una parte idéntica proveniente de otro manuscrito de la misma época, copiado por el escriba Nebseni. Para una mejor compresión de la traducción, el proceso de descifrado seguirá el método siguiente:

a) Dibujo de los ideogramas jeroglíficos línea a línea siguiendo el texto de Ani. Los signos subrayados están escritos en rojo en el papiro original.
b) Traducción literal del texto lineal ideográfico. Los caracteres en mayúsculas están en rojo en el original.
c) Traducción completa del versículo literal.
d) Trascripción del versículo completo de forma contemporánea.

El capítulo XVII, que incluye 42 versículos, forma lo que se ha convenido en llamar *la Teología Tentirita*. Sin embargo, es muy probable que antes y después se deban añadir otros capítulos para que sea completo.

Aquí se presenta una traducción lineal, la diferencia de longitud de línea proviene de la no superposición de ciertos caracteres jeroglíficos imposibles en impresión:

EN EL PRINCIPIO: ESTAS PALABRAS HAN ENSEÑANDO LOS ANTEPASADOS, ESTOS REDIMIDOS DE LA TIERRA PRIMERA:

AHA-MEN-PTAH. Ellos fueron los Bienaventurados viviendo en Amenta.

Después de haber transitado por la Sala del Último Juicio en la cual fueron remodelados y transformados durante un tiempo de prueba.

Ellos volvieron a ser las Imágenes del Primer Corazón, para vivir eternamente. DE OTRO MODO del escriba de Osiris sobre los mandamientos. Estos fueron

instituidos desde la llegada a Ta Mana, a fín de que los veredictos de los Consejeros envíen las almas de los Rescatados al Más Allá eterno

 y no hacia un segundo cataclismo definitivo.

> *"EN EL PRINCIPIO: ESTAS PALABRAS ENSEÑARON LOS ANTEPASADOS, ESTOS REDIMIDOS DE LA TIERRA PRIMERA: AHA-MEN-PTAH. Ellos fueron los Bienaventurados viviendo en Amenta después de haber transitado por la Sala del Último Juicio en la cual fueron remodelados y transformados durante un tiempo de prueba. Ellos volvieron a ser las Imágenes del Primer Corazón, para vivir eternamente. DE OTRO MODO del escriba de Osiris sobre los mandamientos. Estos fueron instituidos desde la llegada a Ta Mana, a fin de que los veredictos de los Consejeros envíen las almas de los Rescatados al Más Allá eterno y no hacia un segundo cataclismo definitivo".*

Esta traducción se refiere literalmente al vocabulario teológico en uso en esta visualización jeroglífica, continuadora de las más antiguas tradiciones divinas. De hecho, no tiene ninguna relación con las interpretaciones fantásticas aparecidas hasta hoy. Cada una de ellas ha transformado el capítulo entero en un tratado de magia de encantamiento, dedicado a la más zoólatra brujería. La única diferencia consistía en nombrar una extraordinaria cantidad de dioses con nombres que permanecerán incomprensibles para siempre.

Pero este tipo de libros era muy reconfortante para el lector porque calmaba agradablemente su angustia nacida de la percepción de estas preguntas enigmáticas. La espiritualidad redoblada de una sutileza tan altamente intelectual, era una gran sorpresa de esta civilización surgida del fondo del tiempo más lejano para construir templos gigantescos en agradecimiento a Ptah, ese Dios-Único que los había salvado del Gran Cataclismo y los guió hacia esta Tierra Prometida, el Segundo Corazón prometido por Dios: *Ath-Ka-Ptah*, que los griegos fonetizaron como *Aeguyptos*, que se convirtió en Egipto.

Referente al ideograma fonetizado "Ath" por los egiptólogos, que significa "Corazón" en Ath-Ka-Ptah, Segundo Corazón de Dios, significa también al principio del título del capítulo: "Al Principio".

Es el ideograma que lo sigue el que determina su valor. Además, para "Ath", la simbología "Corazón" y "Principio" es muy sutil. Es típico de la manera en la que se llama constantemente a la memoria mnemónica frente a cualquier otro proceso para reconocer lo que debe ser leído.

El principio incluye la parte delantera de un león, una pata delantera y la cabeza, debajo el antebrazo y la mano humana. Se trata, por supuesto, de este renacimiento debido al retorno del Sol en la constelación de Leo después del cataclismo.

Y el indicativo que lo sigue, un gavilán, personifica a Horus, cuyos "Seguidores del Puro" enseñaron a los Menores con las Palabras del Mayor: Osiris. Este inicio de una segunda vida, preparaba innegablemente un nuevo "Corazón".

Estamos lejos de la imaginación desbordante que mostraba y demostraba que esta humanidad era un pueblucho de bárbaros y politeístas de la peor calaña. Pero esto era una adormidera para las consciencias de los siglos pasados, al no poder describir el modo en que vivían los hombres que habían formado una civilización muchos milenios antes, ya más avanzada en espiritualidad e inteligencia como nunca será la nuestra, ya que no existía en sus jeroglíficos los ideogramas de "guerra" y "odio".

Después de haber señalado que Usir fue fonetizado "Osiris" por los griegos e Iset, "Isis", señalemos también que las líneas del papiro de Ani están escritas sin espacio alguno, lo que provoca que en la quinta línea del texto acabe el preámbulo y empiece el primer versículo. Es por lo que la rotación de números entre paréntesis se iniciará por el número cinco y sólo contendrá el final de la línea. Este versículo, como los cuarenta y uno que le siguen, contará de dos partes mínimo. La forma de escribir es típica de estos escribas religiosos, porque les permite, después de la parte teológica, abordar una o varias disertaciones paralelas informando de otros acontecimientos.

Primer versículo: (Final de la línea 5 del texto de Ani)

5 – "Yo soy el Muy Alto, el Primero, el Creador del Cielo y de la Tierra, yo soy el Modelador de las envolturas carnales,

6 – y el proveedor de las Parcelas Divinas. He puesto al Sol sobre un nuevo horizonte en símbolo de benevolencia y prueba de Alianza.

7 – EXPLICACIÓN: Él ha hecho elevarse el astro del día sobre su nuevo horizonte para que el renacer terrestre sea realidad.

8 – Para hacerlo, los Mandamientos del Creador controlados por el Muy Alto, actúan a través de las almas de los Antepasados sobre las de los Menores, animando

9 – sus cuerpos por los influjos provenientes de los Ocho Lugares".

Primer versículo:
"Yo soy el Muy Alto, el Primero, el Creador del Cielo y de la Tierra, yo soy el Modelador de las envolturas carnales, y el proveedor de las Parcelas Divinas. He puesto al Sol sobre un nuevo horizonte en símbolo de benevolencia y prueba de Alianza. EXPLICACIÓN: Él ha hecho elevarse el astro del día sobre su nuevo horizonte para que el renacer terrestre sea realidad. Para hacerlo, los Mandamientos del Creador controlados por el Muy Alto, actúan a través de las almas de los Antepasados sobre las de los Menores, animando sus cuerpos por los influjos provinientes de los Ocho Lugares".

Comparando esta traducción literal del texto original del primogénito para este primer versículo, es fácil ver que los otros han sido obnubilados para siempre en sus interpretaciones debido a las influencias apocalípticas de reminiscencias bíblicas.

"Yo soy el principio y el fin". Esta frase debía estar presente en todos estos espíritus religiosos que cada uno transformó en "alfa" y "omega" a su conveniencia personal. Porque les era difícil sin desacreditarse públicamente introducirse en una pendiente prohibida, comentar un texto sin considerarlo como un pálido preludio de la historia sagrada. Fue por ello que los escritores y egiptólogos, por cierto muy eruditos, publicaron para su descrédito sólo textos perfectamente incomprensibles.

He aquí algunos ejemplos del primer versículo cuyo principio es:

"Yo soy Toum, un ser único en el Noun. Yo soy Ra en su amanecer del principio que gobierna lo que ha hecho". P. Pierret.
"Yo soy el que abre y el que cierra, y no soy más que uno con Ra en su primera aparición". Lepage-Renouf.
"Yo soy el que no existía, el único venido de Noun: Es Ra en su aparición del inicio de su gobierno". E. Amélineau.

Para acabar este sorprendente campo comparativo, veamos el primer versículo del capítulo XVII traducido por el vizconde Emmanuel de Rougé, publicado en 1860 en París en la Librería Académica:

"Osiris [un tal] dijo: Yo soy Atoum [el que] ha hecho el cielo, el que ha creado todos los seres, [el que] apareció en el abismo celeste. Yo soy Ra en su amanecer en el comienzo, [el que] gobierna lo que ha hecho. Él lo explica: Ra [el Sol], en su amanecer en el inicio, cuando apareció, en [¿la morada real del hijo?], como ser no engendrado. [El dios] Shu ha levantado el abismo celeste estando en la escalera que está en el Sesoum. Él aplastó a los hijos descarriados en la escalera que está en el Sesoum".

Este versículo, muy libremente interpretado, está fielmente reproducido. El eminente autor, como explica en la página ocho de sus preliminares:

"El segundo punto de dificultad del descifrado es a mi parecer más grave aún. Independientemente del estado imperfecto de la ciencia del descifrado forzará al arqueólogo de buena fe a dejar

lagunas en sus traducciones, ya que debe luchar contra la oscuridad de un estilo cargado intencionadamente de figuras y alusiones misteriosas. Los egipcios jamás exponían sus doctrinas más que bajo un velo, muy espeso para nosotros, de símbolos y otras alegorías cuya clave no puede ser captada más que tras largos años de estudios especializados. El egiptólogo más ejercitado en la traducción de las inscripciones históricas, pronto podrá reconocer que sólo ha dado el primer paso si consigue traducir palabra a palabra alguna columna de este Ritual. La mayoría de las frases pueden parecer desprovistas de interés, o sin relación visible entre ellas. Si uno puede, por el contrario, descubrir el verdadero sentido siempre serio y a menudo profundo que contienen las alegorías de estilo sagrado, la unión de las ideas será sensible y el dibujo aparecerá".

Este pasaje está lleno de realidades planteadas por la escritura jeroglífica de tal forma que debería ser leído por todos los que se han dejado tentar por su intuición o presentimiento... ¡empezando por el mismo vizconde de Rougé! Porque en sus comentarios de su interpretación del primer versículo, escribe:

"La ciudad llamada Sesoun, o bien la ciudad de Ocho, es aquí Hermópolis magna, que tenía a Thoth como divinidad principal, el dios de la razón y de la palabra divina. Thoth era además un "dios lunus". La escalera de Sesoun puede haber sido introducida en este glosario bien como el indicativo de la primera revolución lunar, bien como expresión general de las leyes de la mecánica celeste".

La intuición ha jugado un papel preponderante en las traducciones [¡sic!] del señor De Rougé y sus colegas. En efecto, si la mecánica celeste en este capítulo es primordial en el capítulo XVII, que pone en entredicho la cosmogonía teológica de los primeros tiempos, es vital "descubrir el verdadero sentido, siempre serio y profundo".

Sin embargo el final del texto del primer versículo dice: "Los influjos provenientes de los OCHO LUGARES" y no de "una ciudad de Ocho llamada Sesoun"(?). Esto se llama jugar con los ideogramas jeroglíficos incomprensibles. ¿Y qué es en realidad lo que se llama los OCHO LUGARES?

Estos están introducidos desde el primer versículo, ya que forman la base fundamental de la acción celeste sobre las parcelas divinas, estas almas insufladas por Dios en las envolturas carnales humanas por medio de las "Doce" que son los doce soles de las doce constelaciones ecuatoriales celestes, sus radiaciones llegan a la tierra a la velocidad de la luz (300.000 km./segundo) para formar la trama de los doce influjos celestes (las Doce) que golpearán el córtex del recién nacido para imprimir en su cerebro la "parcela divina" o alma pensante humana, que será esencialmente diferente para cada uno gracias a dos principios:

1.º Las Doce, llegando a la tierra, tendrán una posición propia instantánea debido a la rapidez de impresión. Ellas formarán unas "Combinaciones Matemáticas" que serán la asignación de una predeterminación por nacimiento en un destino global de la humanidad prevista por el creador para sus criaturas.

2.º Estos Doce Influjos que forman el ecuador celeste dibujando 360 grados, son llamados más adelante en el texto el "cinturón", y esta imagen se comprende sin mucha explicación. Pero de este cinturón, emergen cuatro mayores, que son los *Cuatro Influjos* que llegan por los puntos cardinales: Los maestros, cuyos cuatro hijos de Horus son las personificaciones, serán vistos muy a menudo en varios versículos bajo sus propios nombres. Son ellos los que imprimen el esquema vivo principal del alma.

Quedan, pues, Ocho Influjos intermedios. Son los que en la trama de la predeterminación divina aseguran el libre albedrío de cada ser entre el Bien y el Mal. Sobre este tema es bueno leer, o bien volver a leer, algunas obras como las de *Caius Mallius,* que firmó bajo el emperador Augusto con el nombre de *Manilius,* cuyo título era ASTRONOMICON.

Este escrito, en forma de "Cánticos", es notable, en el sentido que desde su principio define el sistema de combinaciones celestes como la propiedad exclusiva de un Dios-Único, inteligencia infinita que ha creado el mundo, la naturaleza, el cielo y las cosas útiles en general. Al final, en el antepenúltimo Canto de este autor latino se precisa textualmente: *"Me basta ahora mismo haber explicado las diferencias establecidas en las diversas partes del cielo, y a la que este autor de la primera Astronomía ha dado el nombre de octo topos, es decir los "Ocho Lugares" para comprender el enorme valor del texto".*

Es inútil extenderse sobre esta traducción que es posible meditar sin más explicación. He aquí la continuación:

2.° versículo: (Inicio en la línea 9)

9 – "Yo, soy Yo, nacido de él para ser el Creador de las Imágenes que le son semejantes a él en la salida del Diluvio.

10 – Ellas son los contenedores de las Almas de los Rescatados, para hacer de ellas los Descendientes Iluminados del Sol Naciente. EXPLICA-

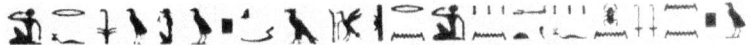

11 – CIÓN: El Sol actúa sobre los contenidos de las Almas porque es el brazo que vivifica a los Descendientes de los Dos Hermanos Opuestos,

12 – para que los Primogénitos Divinos enseñen los Mandamientos indicados por el Sol".

Segundo versículo:

"Yo soy Yo, nacido de él para ser el Creador de las Imágenes que le son semejantes a la salida del Diluvio. Ellas son los contenedores de las Almas de los Rescatados, para hacer de ellas los Descendientes Iluminados del Sol Naciente. EXPLICACIÓN: El Sol actúa sobre los contenidos de las Almas porque es el brazo que vivifica los Descendientes de los Dos Hermanos Opuestos, para que los Primogénitos Divinos enseñen los Mandamientos indicados por el Sol".

Este versículo es evidentemente fundamental en la teología tentirita, demuestra claramente sin ambigüedad una antigüedad de varios milenios sobre el Génesis que le es parecido.

El vizconde Emmanuel de Rougé, en la página nueve de sus *Preliminares*, aborda este espinoso tema del origen religioso de los libros sagrados:

"Es imposible atribuir la adopción de estas doctrinas a la influencia de la estancia de los hebreos en el Bajo Egipto, porque la antigüedad de las partes principales de este Ritual Funerario es muy anterior a esta época. Hoy poseemos incluso ejemplares anteriores a Ramsés II, contemporáneo de Moisés. Un Ritual, en el Museo Británico, fue escrito por un oficial de Seti I, padre de Ramsés II. No sería conforme a las normas de una santa crítica entrever el fondo del Ritual como un producto sucesivo de los tiempos, o como un fruto cuyo honor pertenecería a los esfuerzos del espíritu filosófico de los sacerdotes y letrados de la corte de los faraones: es un fondo tradicional consagrado por unos símbolos cuya adopción parece remontarse a la primera cuna del pueblo egipcio. Los propios sacerdotes lo reconocen: ¡No han inventado nada! Esta ciencia de las cosas divinas, que tanto ha excitado la admiración de los mayores espíritus de Grecia, no era más que tradición, y la única superioridad que se atribuían los maestros de Tales, Pitágoras y Platón, era haber conservado fielmente las lecciones de la Antigüedad".

No se puede añadir o quitar nada a este escrito del vizconde De Rougé, escrito en 1860. Además, su segundo versículo, a pesar de su pobre variedad interpretativa, deja percibir el significado general:

"Yo soy el gran dios que se engendra a si mismo, yo soy el agua, yo soy el abyssus, el padre de los dioses.
El lo explica: El gran dios que se engendra a si mismo es Ra, es el abyssus, es el padre de los dioses".

De Rougé, a pesar de la persistencia de la realidad teológica, se limitó a imaginar que el escriba Ani efectuaba simples repeticiones en las cuales algunas variantes ampliaban la explicación, y es una pena.

En cuanto a los otros autores traductores, todos ellos, con más o menos alegría y variantes, se han limitado a imitar al eminente colega nombrado anteriormente, por ello es inútil dar cuenta de sus creaciones referentes a este segundo versículo, ninguno, además, emitió hipótesis alguna en cuanto a los jeroglíficos referentes a los "dos hermanos" enemigos, de los que los sacerdotes del Número y la Medida tomaron el símbolo de la Constelación que durante dos milenios influyó durante la lucha de los dos hermanos: Ousir y Set, dicho en griego: Osiris y Seth. Fue la constelación "Gemelos" que más tarde se convirtió en "Géminis".

En realidad, Usir y Set sólo eran medio hermanos. Nacidos de la misma madre: Nut. Si Set era hijo de Nut y de su esposo Geb, por el contrario Osiris, el primogénito, había sido reconocido ser concebido por el Espíritu Divino.

De ahí el odio de Set contra su hermano mayor que no tenía derecho a la realeza terrestre, y que, sin embargo, había reinado en su lugar en Aha-Men-Ptah antes de que ocurriera la cólera del tiempo del Gran Cataclismo.

A continuación los dos rescatados por sus hijos, siguieron luchando el uno contra el otro encarnizadamente, los Rebeldes de Set estaban ferozmente en contra de cualquier reconocimiento de derecho de primogenitura para la realeza a los Seguidores de Horus a la llegada al segundo corazón.

Sigamos descubriendo este capítulo XVII que nos reserva aún más sorpresas.

3.º *versículo:* (final de la línea 12)

12 – ¡Nadie debe infringir mis mandamientos!

13 – EXPLICACIÓN: Después de la devastación, Dios ha enseñado el camino a sus hijos a través de la navegación solar. DESCRIPCIÓN:

14 – Es la Luz Ardiente que ha dirigido el camino de los Descendientes hasta la llegada en Tierra Oriental, en la Morada de la Alianza: Ath-Ka-Ptah.

> *Versículo tercero:*
> *¡Nadie debe infringir mis mandamientos! EXPLICACIÓN: Después de la devastación, Dios ha enseñado el camino a sus hijos a través de la navegación solar. DESCRIPCIÓN: Es la Luz Ardiente que ha dirigido el camino de los Descendientes hasta la llegada en Tierra Oriental, en la Morada de la Alianza: Ath-Ka-Ptah.*

Si en esta traducción el sentido es tan evidente, no ocurre lo mismo bajo la pluma de los egiptólogos franceses, donde su verborrea es como poco abstracta. No debemos olvidar que basándonos en el principio de Champollion estos capítulos grabados o pintados sobre los sarcófagos y en las tumbas, constituyen un conjunto donde los muertos "hablaban" para su uso exclusivo. Los egiptólogos hacían concordar su intuición con las palabras dichas por los difuntos. Estamos lejos del texto sagrado que cubría perfectamente una buena parte del Génesis del Antiguo Testamento.

La brevedad de este versículo permite reproducir *in extenso* otros más. Aquí el de De Rougé:

> Yo soy el que [¿no se puede detener?] entre los dioses.
> Él lo explica: Es Atum en su disco.
> De otro modo: Es Ra en su disco cuando brilla en el horizonte oriental del cielo.

Un error de interpretación de los ideogramas ha provocado que el eminente autor francés escriba un ilogismo patente si nos referimos a los comentarios que lo acompañan, sobre todo cuando escribe *entre los dioses*.

En el sistema jeroglífico la sutileza ideográfica demuestra que la representación de un mismo símbolo tres veces, no significa forzosamente el plural, puede reforzar una afirmación como es el caso para la divinidad (⏋ ⏋ ⏋) Dios es tres veces santo. Así en este versículo tenemos el jeroglífico de un caracol sin caparazón con el cuerpo atravesado seguido del brazo vengador que está encima de un caracol no atravesado. El conjunto está seguido por los tres signos de la Divinidad y el Gavilán de los Seguidores los Menores. El significado se lee casi mecánicamente: *¡Nadie puede infringir mis mandamientos!* Se sobreentiende bajo "pena" de ser atravesado y morir. Este plural (⏋ ⏋ ⏋) es el de un mandamiento incontestable, repetido, y al cual el sello divino da la clave.

Esta interpretación politeísta de De Rougé, a pesar de sus certeras reflexiones, viene seguramente de las protestas elevadas por sus colegas debido al paralelismo que hizo con el Génesis bíblico. Así, para enmendar sus "errores" esta eminente personalidad del mundo de los sabios franceses, escribió una *Memoria* leída en la Academia de Inscripciones y Bellas Letras en 1858:

> He realizado un estudio especial sobre la cuestión de los dioses egipcios confirmando un monoteísmo evidente del pueblo de los faraones en el Libro de los Muertos, encontramos a menudo el término Pa-Tu. (☉) que responde al símbolo del disco solar sombrado, que yo considero el participio del verbo pa cuya

variante principal es pau-ti, así pues: El ser doble que es considerado tanto padre como hijo reunidos en un solo ser.

Otra variante interesante para la forma es pa-ti ⟨hieroglyph⟩ que es el plural y debe ser leída con el sentido de sociedad de los dioses. El empleo de la expresión plural en el singular es muy normal ya que implica únicamente la idea de una unidad compleja. El Génesis lo expresa de un modo muy análogo mediante las palabras bara elohim, o creavit domini, donde el sujeto en plural rige un verbo en singular.

Evidentemente, estas engorrosas explicaciones nunca lo satisficieron personalmente ni pudieron tranquilizar los tormentos de su conciencia cristiana. Este versículo, en la pluma de Amélineau, dice:

> Yo, Yo soy al que nadie se opone entre los Dioses.
> ¿Qué es esto? Es Toum, el dios que no se ha convertido en su disco.
> Otro decir: Es Ra cuando brilla fuera de la montaña solar oriental del cielo.

Una imaginación desbordante se deriva de estas frases. Es fácil sentir las reminiscencias bíblicas en la primera afirmación, frenada aquí en el texto por la palabra los Dioses, deducción debida a la gramática de Champollion. Los comentarios que le siguen merecen la pena ser nombrados:

> En este versículo, sus dioses pasan de la potencia del acto a la aparición del sol en el mundo visible, y como ese sol no existía (al menos nadie lo había visto) recibió el nombre de Toum que cambió por el del Ra en cuanto él aparecerá saliendo en el oriente del cielo de la montaña de la cual surge de la nada al ser, o bien del mundo subterráneo a la tierra habitada. Sin duda, está loca esta cosmogonía pero yo creo que de esta forma se explicaba a los egipcios.

Cómo no concluir que sólo la imaginación ha creado todas las piezas de esta cosmogonía. Pero no se lo podemos reprochar habida cuenta de la época en la vivía, ciertamente era un buen cristiano y creyente, y le pareció inadmisible que anteriormente existiera un monoteísmo parecido y mucho más antiguo que Moisés. El esquema divino se precisa cada vez más, repetido desde su origen en Aha-Men-Ptah, el Primer Corazón, por los Seguidores de Osiris y de Horus justamente llamados los *Primogénitos*.

En el versículo siguiente empieza realmente la historia de estos fabulosos países antes de ser tragados, convertido en Amenta, o *Tierra del Poniente* incluida la de los *Dormidos*. He aquí la traducción.

4.º versículo: (fin de la línea 14, siempre del texto de Ani)

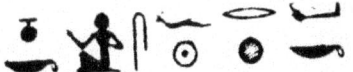

14 – Yo soy el Pasado del Ayer que prepara

15 – el Futuro de Mañana gracias al Sol. EXPLICACIÓN: El pasado de Ayer es el de Osiris.

16 – Él redimió las Almas de los Menores a fin de que el Sol de mañana resplandezca. Luego Dios armó su brazo, para que él combata

17 – y destruya a los adoradores del Sol, para elevar su hijo Hor sobre el Trono de Geb

18 – como Seguidor Divino. DESCRIPCIÓN: Ese día se convirtió en el de la Resurrección en la Santa Morada

19 – del Hijo-Primogénito. Él conmemora las almas renacidas de los Seguidores de Osiris que igualmente combatieron, y también victoriosamente,

20 – los enemigos de todos los Descendientes.

Versículo cuarto:
Yo soy el Pasado del Ayer que prepara el Futuro de Mañana gracias al Sol. EXPLICACIÓN: El pasado de Ayer es el de Osiris. Él recompró las Almas de los Menores a fin de que el Sol de mañana resplandezca. Luego Dios armó su brazo, para que él combata y destruya a los adoradores del Sol, para elevar su hijo Hor sobre el Trono de Geb como Seguidor Divino. DESCRIPCIÓN: Ese día se convirtió en el de la Resurrección en la Santa Morada, del Hijo-Primogénito. Él conmemora las almas renacidas de los Seguidores de Osiris que igualmente combatieron, y también victoriosamente, los enemigos de todos los Descendientes.

Los egiptólogos presintieron perfectamente la importancia de este pasaje, vital entre todos para la comprensión del texto, pero que desgraciadamente fueron incapaces de traducir. No pudiendo resolverlo y siendo esta teodicea original muy angustiosa en su rigidez monoteísta, la mayoría interpretó sin sonrojarse estos ideogramas enigmáticos en unos meandros impermeables a los torbellinos jeroglíficos. Ello les permitió despedazarse con bellas plumas, sus producciones literarias no estaban especialmente dotadas de alguna clase de alma. Por muestra este panfleto de Amélineau del versículo que precede:

El texto de este cuarto versículo no parece necesitar a priori un comentario [¡sic!]. Sin embargo, fue para mi colega Lepage-

Renouf [2] *objeto de desprecio, ya que lo tradujo de esta forma: "Yo, que soy Osiris, yo soy el ayer, y el conocimiento de mañana". Sin embargo, la palabra empleada en el texto significa simplemente la mañana, y ello además se comprende muy bien (¡re-sic!). En efecto, el muerto es de ayer porque se ha convertido en Osiris, es decir, el muerto. Él es la mañana, porque él espera ser llamado a una segunda vida, tal como Ra salió vivo de la montaña solar. ¿No se trata, pues, en consecuencia de una pretensión de Osiris a la eternidad?*

Para comprender mejor necesitamos retomar la explicación dada sobre ello por De Rougé, que se dio cuenta, además, que su interpretación personal había sido robada. He aquí su versículo seguido de un comentario:

"Yo soy ayer y conozco la mañana (¿el mañana?)
Él lo explica: Ayer es Osiris, la mañana es Ra, en este día en el que aplastó los enemigos del Señor universal, y donde él dio el gobierno y el derecho a su hijo Horus.
Dicho de otra manera: Es el día en que celebramos el reencuentro del ataúd de Osiris por su padre Ra".
Aquí la palabra mañana, en egipcio, se interpreta en el sentido del día siguiente (como "morgen" en alemán). Esta fórmula parece expresar la unidad del tiempo, en relación al Ser Eterno: Ayer y el día de mañana son el pasado y el futuro, igualmente conocidos por Dios. El comentario introduce por primera vez el mito de Osiris, que presenta a Osiris como un tipo de pasado sin límites que precede a la constitución del universo, acompañado como hemos visto, por la victoria del sol sobre las potencias desordenadas. Ra es aquí una verdadera transfiguración de Osiris, ya que Horus es llamado su hijo.

La noción de Dios en cuanto Creador Supremo, aparece ampliamente a pesar de los esfuerzos desplegados para transformar

---

[2] Este egiptólogo inglés escribió un *Libro de los Muertos*, y el pasaje incriminado está situado en la página 377 de este *Book of the Dead*.

los textos primitivos. He aquí otro comentario, el de Pierret, muy similar al de De Rougé:

> El difunto, habiéndose convertido en dios, es a la vez el dios primordial y el dios conservador de la creación, Es el autor de sus actuaciones sucesivas como sol diurno y sol nocturno, así pues, en el sol de ayer y en el sol de mañana: Son Osiris y Ra, su sucesión cotidiana le hace alternativamente padre e hijo, el uno del otro.

Valía la pena escribir este pasaje por curiosidad. ¿Dónde quedan los jeroglíficos transmitidos por los escribas? Lo estudiamos más de cerca:

Yo soy el Pasado del Ayer que prepara el Futuro de Mañana gracias al Sol. Esto está escrito literalmente. Vamos a observar en primer lugar los ideogramas correspondientes, prácticamente la lectura salta a los ojos por ella misma. Retomemos los signos uno a uno:

 El narrador. Un codo sobre una rodilla es *yo*.

su alma encima de la copa receptora de las ideas es el verbo en presente.

 Yo soy.

⊙ ⊙ El pasado del ayer. Es el sol ocultado, en negro, que se desvanece, y la "Palabra" (la boca que está encima) que hace avanzar el nuevo Sol.

Simboliza un tránsito representando la multitud alegórica pasada y futura.

╰┄┄ *Que prepara.* El antebrazo cuya mano va a insuflar las ideas en la copa receptora. Es la preparación al verbo en presente.

El futuro de mañana. Esta iconografía es muy sutil, ya que el pollo que representa al hijo o al menor, sirve de paréntesis a una porción de frase, significando el Futuro. Y cuando hay un narrador, una estrella y un buitre se trata del día de mañana, así pues un refuerzo absoluto de la locución *soy el pasado que prepara el futuro.*

☉ *gracias al Sol.* Aquí se magnifica el sol, viene a reforzar su acción benefactora ya presentada para el Pasado y el Futuro.

El próximo versículo permite penetrar mejor en la comprensión de este conocimiento original tan largamente olvidado, escondido en estos jeroglíficos perdidos en el tiempo.

5.º *versículo:* (fin de la línea 20)

20 – Yo soy el Primogénito que manda en el nombre de su Padre desde Aha-Men-Ptah. EXPLICACIÓN:

21 – Aha-Men-Ptah fue el reino del Primogénito, Corazón que fue venerado por los Descientes de Osiris, porque él manda siempre en Amenta, antaño Aha-Men-Ptah.

22 – DESCRIPCIÓN: Aha-Men-Ptah se convirtió en el Lugar de la Iluminación, escondido por el Sol, donde únicamente un "Redimido" puede entrar,

23 – porque él jamás habrá combatido a su prójimo.

> *Versículo quinto:*
> *Yo soy el Primogénito que manda en el nombre de su Padre desde Aha-Men-Ptah. EXPLICACIÓN: Aha-Men-Ptah fue el reino del Primogénito, Corazón que fue venerado por los Descientes de Osiris, porque él manda siempre en Amenta, antaño Aha-Men-Ptah. DESCRIPCIÓN: Aha-Men-Ptah se convirtió en el Lugar de la Iluminación, escondido por el Sol, donde únicamente un "Redimido" puede entrar, porque él jamás habrá combatido a su prójimo.*

Es fácil comprender que estamos penetrando en el meollo de los acontecimientos que se produjeron en realidad, pero han surgido de un pasado tan lejano, que con el tiempo se desvanecieron progresivamente para integrarse dentro de una mitología legendaria que los helenos, a su llegada bajo la sombra de las pirámides, transformaron en frescos pseudo-divinos de gran espectacularidad. Necesitaban una coartada a su propósito politeísta al que no le faltó su puesta en escena.

Los filósofos griegos que viajaban a Egipto tanto por curiosidad como por aprender lo que se les escapaba, consiguieron lo que faltaba a Grecia para convertirse en una gran nación. Un abismo insondable los separaban, demostrándoles [los egipcios a los griegos] que apenas eran unos bebés en gestación. De tal forma que escribieron grandes epopeyas homéricas para su propia gloria, pero basándose en lo que habían visto y oído al otro lado del Mediterráneo, quizá pensando en motivar de esta forma los espíritus de sus contemporáneos, cultivados sin duda, pero no por ello menos confundidos.

Los egiptólogos del último siglo comprendían muy bien este giro del pensamiento antiguo, porque inconscientemente ellos lo adoptaron veinte siglos más tarde. Y por supuesto que sus espíritus ni intentaron profundizar en los sentimientos provocados. Esta vieja cosmogonía aliada a la teología fundamental, los trastoca y al mismo tiempo también trastoca los manidos temas aprendidos en los bancos de las escuelas de nuestra juventud. Es innegable que los Mandamientos Divinos aparecieron en las orillas del Nilo antes de diseminarse hacia Palestina, luego deformados, amplificados, refundidos y aderezados con dudosos aditivos, propagándose en la mayoría de los pueblos de la tierra.

Incluso De Rougé no escapa a esta pauta, he aquí su interpretación:

Él ha librado un gran combate con los dioses, a las órdenes de Osiris, señor de la Montaña de Amenti. Él lo explica: Amenti es el lugar donde las almas divinizadas bajo la orden de Osiris, Señor de la Montaña de Osiris, Señor de la Montaña de Amenti. De otro modo: Amenti es el término marcado por el dios Ra. Cuando cada dios llega al lugar, él mantiene un combate.

Incluso las explicaciones teológicas de la interpretación hecha por de Rougé disimulan mal las descripciones repetitivas que no se encuentran por ninguna parte en el texto original. Cualquier lector puede darse cuenta comparando los diferentes jeroglíficos copiados en nuestra traducción. Estas torpes repeticiones vienen evidentemente de la incomprensión de los egiptólogos del sistema tradicional de copia en uso por los antiguos sacerdotes, que no evolucionó al paso de las dinastías.

En ningún momento podemos perder de vista la cantidad de siglos transcurridos llegando a sumar varios milenios. Ello atenuó la realidad de los hechos históricamente demostrados en el momento que se produjeron. Los escribas educados especialmente para la trascripción de los Anales del Inicio, como este Capítulo XVII, y ello en jeroglífico que era la Lengua Sagrada, *pero ocho mil años más tarde*, tuvieron dudas muy normales. Ellos pensaron que quizá se había introducido en el texto algunas fábulas debido a la fantástica lejanía del inicio de los tiempos de la narración. De tal modo que sin manipular la copia que poseían del original, añadieron frases tomadas de otros documentos, con el fin de atenuar algunas locuciones juzgadas por ellos mismos algo abusivas y simbólicamente demasiado evocadoras, incluyendo de esta forma descripciones y explicaciones paralelas en la forma, pero siendo muy idénticas en el fondo.

El texto original primitivo fue salvaguardado íntegramente de esta manera más allá de las dinastías, sean de Atón (Ptah) o Amón (Ra): los Seguidores de Horus o los Adoradores del Sol.

Desde la XVIII dinastía, por ejemplo, el texto del documento de Ani se denominó: *Ritual para acceder al Más Allá de la Vida Terrestre*. Y se mantuvo tal como Osiris, seis milenios antes, lo inculcó a su hijo. Esto demuestra, en caso necesario, la rigidez del dogma que inspiró la observación estricta de los mandamientos emitidos por la ley divina para que la creación sea respetada al igual que las criaturas del creador. Sólo el respeto de los mandamientos permite el acceso al más allá de la vida, con la bella compañía de los antepasados, esos bienaventurados del continente hundido convertido en Amenta (o Amenti para De Rougé), el *Reino Occidental del Más Allá*.

Durante ese largo tiempo que duró entre el hundimiento del Primer Corazón y la llegada al Segundo Corazón, los sacerdotes cualificados en esta tarea desde su más temprana edad, conocían de memoria todos los versículos del inicio de la vida para transmitir fielmente, palabra por palabra, el contenido completo de boca en boca, generación tras generación.

Es por lo que el documento del escriba Ani, merece recuperar su valor, ya que permaneció idéntico al antiguo original, y a pesar de todas las vicisitudes impuestas por los diversos usurpadores de las dinastías que precedieron al nacimiento de Ani.

De ahí proviene gran parte del muro de incomprensión contra el cual toparon todos los intérpretes, especialmente en la explicación del 5º versículo: *Aha-Men-Ptah fue el Reino del Primogénito, Corazón que fue venerado por los Descendientes de Osiris que sigue mandando sobre Amenta, antaño Aha-Men-Ptah.*

Tomemos, símbolo por símbolo, este pasaje aparentemente tenebroso ya que ha hecho fracasar a todos los que volcaron sobre este acertijo:

Es muy cómodo, incluso literalmente, restituir la frase en su contexto. Aha-Men-Ptah era el nombre del corazón primogénito, del primer continente hundido cuyo primogénito, el hijo de Dios, Osiris o Usir, fue el jefe incontestado hasta el momento de la lucha con su hermano Set. Conforme se instalaron los supervivientes, la veneración a Usir se amplificó por el hecho de que mandaba sobre la entrada en el Amenta (fonetización de Aha-Men-Ptah) de las almas después de la muerte de los cuerpos, esas envolturas carnales, que volvían cerca de sus ancestros, los dormidos.

Sigamos ahora más de cerca al escriba para poder cernir esta teología capaz de favorecer la redención de las almas de la humanidad siempre en perpetua duda entre el bien y el mal, y cuando se ven en la perdición recuerdan que son parcelas divinas a fin de poder ser redimidas. Este corto versículo podría ser algo molesto, pero eso no es nada porque el alcance incalculable del texto justifica más tarde el nacimiento de Jesús:

6.° versículo: (final de la línea 23)

23 – "Yo soy el Hijo del Muy Alto, el que inició la línea Divina de los Seguidores".

24 – EXPLICACIÓN: Él se llama Usir. DESCRIPCIÓN: Su Nombre domina el del Sol,

25 – porque él es el Generador Amado, cuando el Sol no era más que un fermento vomitado por el Generador.

> *Versículo sexto:*
> *"Yo soy el Hijo del Muy Alto, el que inició la línea Divina de los Seguidores". EXPLICACIÓN: Él se llama Usir. DESCRIPCIÓN: Su Nombre domina el del Sol, porque él es el Generador Amado, cuando el Sol no era más que un fermento vomitado por el Generador.*

Aquí, De Rougé ofrece una interpretación más arbitraria por el hecho de que el ideograma que representa un falo. Ello es innegablemente el alma de las generaciones futuras, pero como veremos a continuación rodea la solución al mismo tiempo que la preconiza.

El jeroglífico presentado de esta forma es el símbolo que personifica a Osiris, ya que fue su descendencia la que repobló el Segundo Corazón, y que durante la XXXII dinastía los faraones aún pretendían ser los seguidores directos de Osiris. Es pues, no solamente el hijo primogénito, el Corazón de Dios, sino también y ante todo el Generador, que no tiene nada en absoluto de "auto hedonismo" (¡sic!). Los maestros del Número y la Medida encargados de crear la lengua sagrada transcribían una iconografía textual.

He aquí el texto de De Rougé seguido de su comentario:

> Yo conozco al gran dios que reside en Amenti.
> Él lo explica: Es Osiris.
> De otro modo: La adoración de Ra es su nombre, el alma de Ra es su nombre, porque es él mismo quien goza en si mismo.
> "Osiris es identificado completamente con el dios supremo por el contenido de este versículo. Ra incluso se ve reducido a la condición de un personaje secundario, no es más que un cuerpo: El disco visible del Sol. El alma o principio activo está totalmente en Osiris, al cual el mismo Ra rinde homenaje".

Esa concepción falócrata no existió jamás en el antiguo espíritu faraónico. Actualmente la ciencia moderna permite inseminar artificialmente a las mujeres, la semilla es todo lo que hay más natural, ella proviene exclusivamente del hombre. Hace cinco mil años era totalmente normal incluir en los jeroglíficos el aparato genital del hombre cuando era cuestión de descendencia Divina. El falo, además, siempre es grabado con el esperma saliendo, lo que muestra bien el mecanismo que pone en marcha las futuras generaciones.

Así, pues, no tiene nada que ver con el falo que se encuentra bajo la cintura. Algunos intérpretes no han censurado sus locas imaginaciones, han escrito tales abominaciones que nos eriza el pelo a los librepensadores menos salvajes. Queriendo a toda costa extrapolar buscando una explicación bien lejana pero simple, asistimos a una producción pornográfica de los escritores que no comprendieron nada de estos jeroglíficos fálicos. Nombremos a Amelineau que copió sobre De Rougé:

> Yo soy conocedor de ese gran dios que está en ella.
> ¿Qué es eso? Es Osiris.
> Dicho de otro modo: Es Ra, que es su nombre. Es el falo de Ra que penetra él en él mismo...

Para dar una continuación a este trozo de bravura epistolar de los comentarios de este eminente investigador, bastará dar una idea del proceso desarrollado por él mismo para obtener "su lectura" de los jeroglíficos para nada edificante pero curiosa, hay que reconocer. Él añade la continuación a su interpretación:

> El papiro de Hounefer contiene otra explicación para el papel del Sol: "Es el carnero de Ra que disfruta él mismo en él mismo". Sólo puedo ver en esto la ingenuidad de un escriba que quería encontrar una nueva expresión para algo muy conocido. Sea como fuere, lo que se destaca de todo esto es que se ha querido expresar el ardor genésico que se había apoderado de Ra desde el inicio del mundo.

Sin más que decir, veamos el versículo siguiente que es la continuación lógica.

7.º versículo: (fin de la línea 25)

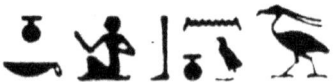

25 – Yo soy la Luz Ardiente

26 – que navega en el Cinturón y que permite juzgar desde lo alto de los cielos los actos de todos. EXPLI-

27 – CACIÓN: Él se llama Osiris. DESCRIPCIÓN: Él es el germen del contenido de todas las envolturas carnales. DESCRIPCIÓN:

28 – BIS: Su nombre manda desde lo alto de los cielos a las Parcelas Divinas contenidas en las envolturas carnales. DESCRIPCIÓN:

29 – TER: El nombre del Glorioso brillará eternamente en el Infinito. El crecerá cada día

30 – aún más bajo el firmamento estrellado.

Versículo séptimo:
Yo soy la Luz Ardiente que navega en el Cinturón y que permite juzgar desde lo alto de los cielos los actos de todos. EXPLICACIÓN: Él se llama Osiris. DESCRIPCIÓN: Él es el germen del contenido de todas las envolturas carnales. DESCRIPCIÓN-BIS: Su nombre manda desde lo alto de los cielos a las Parcelas Divinas contenidas en las envolturas carnales. DESCRIPCIÓN-TER: El nombre del Glorioso brillará eternamente en el Infinito. El crecerá cada día aún más bajo el firmamento estrellado.

Ya se vio el significado del cinturón, en el cual navega aquí la luz ardiente. Se trata, por supuesto, del cinturón de las doce constelaciones que rodea todo el sistema solar, incluyendo la tierra. Los influjos que provienen de los doce enormes soles son el eje. Naturalmente, el escriba anuncia que la luz ardiente, o alma de Osiris, insufla las almas humanas lo que le permite juzgarlas con toda serenidad, de Rougé escribe:

> Yo soy ese gran Vennou que aparece en el An, y yo soy la ley de la existencia y de los seres.
> Él lo explica: El Vennou es Osiris en el An. La ley de la existencia y de los seres, es su cuerpo.
> De otro modo: Es siempre y la eternidad. Siempre es el día, y la eternidad es la noche.

Es una pena ver que este egiptólogo para nada tiene en cuenta los tres descriptivos, sin embargo caligrafiados en rojo por el escriba, justamente para diferenciarlos.

Volvamos a la cosmogonía primitiva, la que está incluida en el *ritual del más allá de la vida terrestre*, cuyo capítulo XVII es piedra angular del escrito. Este octavo versículo tiene una composición idéntica a los anteriores, es por lo que no tiene nada que ver con los textos de los autores citados, en los que podemos leer:

8.º versículo: (final de la línea 30).

30 – Yo soy el Vengador en su Morada Eterna, que justifica las Almas Celestes,

31 – porque he nacido del Padre de los Dos Corazones. EXPLICACIÓN: Él es el Vengador purificado, el Hijo del Primogénito: Horus el Divino,

32 – el que vengó a su Padre en la Doble Morada. Él es el Guía unificador de las Almas fraticidas

EL LIBRO DEL MÁS ALLÁ DE LA VIDA

33 – de los Dos Corazones. Pero la larga marcha preparada por las Dos Gemelas, Iset y Nek-Bet, terminó con la llegada de los Menores.

34 – El Primogénito, desde lo alto de los cielos, ha vigilado el avance de todos los hijos nacidos de Geb desde su salida de Poniente: Ta Mana.

35 – DESCRIPCIÓN: Las Dos Divinas salvaron a Horus para que pueda convertirse en el Guía de los Menores del pueblo elegido de Dios

36 – después de la Destrucción.

> Versículo octavo:
> Yo soy el Vengador en su Morada Eterna, que justifica las Almas Celestes, porque he nacido del Padre de los Dos Corazones. EXPLICACIÓN: Él es el Vengador purificado, el Hijo del Primogénito: Horus el Divino, el que vengó a su Padre en la Doble Morada. Él es el Guía unificador de las Almas fraticidas de los Dos Corazones. Pero la larga marcha preparada por las Dos Gemelas, Iset y Nek-Bet, terminó con la llegada de los Menores. El Primogénito, desde lo alto de los cielos, ha vigilado el avance de todos los hijos nacidos de Geb desde su salida de Poniente: Ta Mana. DESCRIPCIÓN: Las Dos Divinas salvaron a Horus para que pueda convertirse en el Guía de los Menores del pueblo elegido de Dios después de la Destrucción.

Este pasaje permite situar mejor la caminata azarosa a través del conteniente africano de oeste a este, es decir, desde el lugar convertido en el nuevo poniente, tanto por el sol como por los "dormidos", esos millones de cuerpos tragados en Aha-Men-Ptah, hasta el Levante, es decir, la tierra prometida como segunda patria, el segundo corazón.

Ta Mana, en jeroglífico, significa *Lugar de Poniente*, este nombre fue retomado por los árabes nombrándolo *Moghreb-el-Aksa,* o sea, el *País del Sol Poniente*. Sólo fue bastante más tarde que se convirtió simplemente en Marruecos. Con este conocimiento el pasaje es más comprensible. Además, Iset y su hermana Nek-Bet (Isis y Neftis) prepararon estando vivas en Ta Mana, la organización de la salida de los que formarían el segundo pueblo dirigido por los *Seguidores*, los *Primogénitos* nacidos de Iset y Horus, del mismo modo que los descendientes de los *An-Nu*, los Grandes Sacerdotes nacidos de la descendencia de Nek-Bet.

Es bueno haber recordado esto, como sería bueno recordar algunos puntos que figuran en la brillante tesis de Baillet, presentada en 1912 en la Facultad de las Letras de París, cuyo tema es *Introducción al estudio de las ideas morales y religiosas del antiguo Egipto*. He aquí el principio, que es capital:

> *Antes del descubrimiento de la lectura de los jeroglíficos, sólo poseíamos para evaluar la reputación de la sabiduría de Egipto lo que nos enseñaron los escritores griegos y cristianos. Por diversos motivos, sus testimonios deben ser acogidos con recelo. Y está bien no tomar al pie de la letra todo lo que dicen, porque encontramos en ellos el eco desnaturalizado de las tradiciones antiguas y otros conocimientos muy útiles.*

Este eminente profesor hubiera podido añadir en objeción complementaria que los escritores de su tiempo en este principio del siglo XX no habían añadido nada a los escritos helénicos por falta de un estudio de la jeroglífica efectuado metódica y lógicamente. El vizconde Emmanuel De Rougé escribe lo siguiente:

> *Yo soy Men en sus manifestaciones, al que le ponen dos plumas sobre la cabeza. Él lo explica: Men es el vengador de su padre Osiris, su manifestación es un nacimiento. La diadema con las dos plumas que tiene sobre su cabeza es Isis y es Neftis, que*

vienen a situarse sobre él como sus dos hermanas gemelas: Es por lo que se lo pone sobre la cabeza.
De otro modo: Son las dos grandes víboras que están delante de la cara del padre Atum.
De otro modo más: Son sus dos ojos, que son las dos plumas de su cabeza.

En primer lugar, la última frase interpretada del versículo que empieza por *De otro modo más*, no forma parte del versículo 8, que no lleva más que una descripción (o *De otro modo*, según la concepción de De Rougé). Los jeroglíficos que siguen escritos en rojo, indican claramente el inicio del versículo siguiente que se verá más adelante.

(línea 30, 8.º versículo) *"Yo soy el Vengador en su Morada Eterna que vela y vigila"*.

Pero aquí, para justificar lo injustificable, deberemos retomar palabra a palabra todo el texto. En efecto ¿Por qué un escriba detallaría tan pobremente el significado de *dos plumas* sobre todo empleando el idioma sagrado? El eminente egiptólogo reconoce sin vergüenza en su propio comentario que se siente "perturbado" por su propia interpretación:

> *Las explicaciones que doy a la diadema con las dos plumas son poco satisfactorias porque dejan en una auténtica ignorancia el sentido original de este bello adorno. Se nos remite a los dos ojos de Horus en los que debemos ver la expresión de este*

dualismo misterioso que impregna completamente la doctrina egipcia.

Se trata en realidad de los *Dos Corazones* Aha-Men-Ptah y Atk-Ka-Ptah, y de la lucha que enfrentó a Set y a Osiris, al igual que a sus seguidores, en la sucesión de poderes. Sin embargo, este dualismo se ilumina singularmente cuando se lee la historia de este pueblo dividido en dos clanes fraticidas. Durante milenios la lucha sin cuartel de los *Adoradores del Sol* y los *Seguidores de Horus* para detentar la supremacía y el cetro de los Dos Corazones ha sido simbolizada por la corona con las dos plumas:

Esto no tiene nada de misterioso si se admite la historia de este agitado período. El comentario siguiente es tan convincente como el anterior cuando De Rougé intenta explicar la simbología de los dos leones:

> *El orden lógico parece implicar el sentido de la llegada en el mundo, porque el horizonte está representado por el disco del sol que aparece en las desigualdades de una montaña. Es llevado sobre dos leones que son unos símbolos solares, con toda probabilidad se trata de oriente y por consiguiente del nacimiento.*

Esta comprensión es aún más torpe y molesta porque ¡gira alrededor de la verdad! ¿Qué significan esos dos leones?

El Gran Cataclismo se produjo en julio de 9792 antes de nuestra era, o sea, hace 11.771 años, ya que estamos en el año de gracia de 1979, el sol se encontraba en ese momento, astronómicamente hablando, y para los observadores terrestres, tras el grado 16º de la constelación del León, donde avanzaba gradualmente sin sobresaltos desde hacía milenios. Sin embargo, el 27 de julio de ese año llegó el tiempo de la cólera divina y la destrucción. El cielo pareció girar, pero de hecho fue la tierra la que pivotó, *dejando aparecer el sol navegando a retroceso en* este famoso cinturón de las doce constelaciones.

Los dos leones están situados espalda contra espalda, ya que el sol retrocediendo en la constelación de Leo, volvió sobre sus pasos. Un nuevo sol se elevó por encima del cielo, al cual se ancla la cruz ansata, el símbolo de la vida eterna en jeroglífico. Lo que también es muy significativo es que el jeroglífico del cielo:

Proviene de la Dama del Cielo, de la reina Nut, que después de haber ido al Más Allá de la vida, protegió a todas las nuevas generaciones se encuentra escrito en sentido inverso después del cataclismo tal y como se ve detallado en varias tumbas reales:

De esta manera, este renacer solar, al igual que el terrestre, permitió el inicio del largo linaje de los descendientes del primogénito, antes y después de Ramsés el Grande de cuyo sarcófago se destaca toda la Historia de sus Antepasados, como es conocida en los textos sagrados. Se pueden ver en su ataúd esos dos famosos leones que indican el reinicio de los anales de los dos corazones.

Desde este nuevo inicio, antiguo de doce milenios, el efecto físico del acontecimiento celeste mantiene su influencia en nuestros días, ya que desde la época remota de este León, el Sol prosigue su *retrogradación*, como lo denominan los astrónomos actuales, en la constelación de Piscis hasta el año 2016. Después retrocederá en la constelación de Acuario entrando por el último grado y siguiendo su retroceso durante cerca de dos mil años... a menos que ocurra otro cataclismo.

En cualquier caso, fue el que engulló el Corazón Primogénito: Aha-Men-Ptah (de ahí el origen de Amenta, el reino de los bienaventurados retornados al más allá de la vida terrestre) al cual aspiran volver todos los menores del segundo corazón, Ath-Ka-Ptah. Ello particularizó el ritual funerario y el objeto preciso del dogma del contenido de este capítulo XVII. Prosigamos este descubrimiento:

9.º *versículo*: (fin de la línea 36)

36 – LOS DOS CORAZONES SON REFERIDOS POR ESTE DESCRIPTIVO IMPORTANTE: Desde lo alto de los cielos, Osiris

37 – ordenó a sus Seguidores: "Escribid los Mandamientos anunciados por los Primogénitos, porque ellos son el Nuevo Mundo, el del Segundo Corazón.

38 – EXPLICACIÓN: El sol está bien sentado en su Morada Celeste, sirve de signo a la Nueva Alianza después de la Destrucción,

39 – en muestra del Perdón.

Versículo noveno:

> *LOS DOS CORAZONES SON REFERIDOS POR ESTE DESCRIPTIVO IMPORTANTE: Desde lo alto de los cielos, Osiris ordenó a sus Seguidores: "Escribid los Mandamientos anunciados por los Primogénitos, porque ellos son el Nuevo Mundo, el del Segundo Corazón". EXPLICACIÓN: El sol está bien sentado en su Morada Celeste, sirve de signo a la Nueva Alianza después de la Destrucción, en muestra del Perdón.*

He aquí lo que dice De Rougé:

> *Yo soy del mundo y vengo de mi país.*
> *Él lo explica: Es la montaña del horizonte de su padre Atum.*

No puede haber sido más conciso y no tiene en cuenta las indicaciones del escriba en la materia como se puede ver en la parte más importante con los jeroglíficos subrayados, que en este caso no es: *Él lo explica* como en el resto del texto, para dar una nota humorística a este arduo trabajo citemos a Amélineau con su propia interpretación de la misma parte del versículo y que merece ser reproducida:

> *Este versículo no necesitaría explicación, si no fuera por la presencia del gavilán al cual atribuyo un sentido que generalmente se rechaza en este lugar, pero me niego a traducirlo como lo hizo Lepage Renouf: "Yo he llegado a mi tierra y vengo de mi propio lugar" porque tal traducción me parece fuera de propósito. En efecto, el difunto que llega a los Infiernos y que quiere asegurarse la posesión de la tierra codiciada, demostrando que se ha identificado con todos los dioses que ha nombrado, no puede significar: "Yo he llegado a mi tierra", porque justamente se trata de que él se asegure esta tierra.*

Es evidente que cada autor se siente primero romántico antes que egiptólogo y defiende una idea: la que él se ha hecho sobre los egipcios según su propia imaginación y no en relación a lo que le hubiese enseñado el estudio de los textos y monumentos construidos a orillas del Nilo. El hilo conductor de Amelineau es fácil de comprender ya que lo explica en el prefacio de su libro *Estudio del Capítulo XVII del Libro de los Muertos*:

Los egipcios, pueblo imaginativo por excelencia ponía su gloria en presentar de la forma más verosímil a sus ojos las imposibilidades más irreductibles. Él imaginó que siguiendo una serie de operaciones mágicas que conforman el ritual funerario, se podía dar al cadáver inerte y cuidadosamente reformado, primero en su estructura ósea y después conservado por la momificación, el uso de los distintos miembros o sentidos que componían el ser. Los sabios de Egipto habían observado perfectamente que la Imagen del cadáver era inerte como el mismo cadáver, y que no tenía ninguna actividad, por ello las sucesivas ceremonias funerarias y mágicas le devolvían el movimiento y el uso de los sentidos. Sólo entonces, esta imagen podía ir a los Infiernos.

Después de esta lectura es fácil discernir el método que eligió Amelineau para su traducción, diferente de la De Rougé. Centrémonos en nuestra propia traducción con el versículo siguiente que acaba un párrafo, que es el final lógico de este preámbulo espiritual:

10.º versículo: (final de la línea 39)

39 – Yo traigo la purificación que hace huir todos los males

40 – EXPLICACIÓN: Él venció a todos los enemigos de su Padre. Esto está copiado por el escriba de Osiris con las palabras

41 – de la Verdad Divina, legadas por los Ancestros, antes de que conduzca por la ruta sembrada de emboscadas a todos los Menores.

42 – CONCLUSIÓN: Él es la Pureza, la que se renueva diariamente bajo la bóveda celeste,

43 – por su única Pureza.

> *Versículo décimo:*
> *Yo traigo la purificación que hace huir todos los males.*
> *EXPLICACIÓN: Él venció a todos los enemigos de su Padre. Esto está copiado por el escriba de Osiris con las palabras de la Verdad Divina, legadas por los Ancestros, antes de que conduzca por la ruta sembrada de emboscadas a todos los Menores. CONCLUSIÓN: Él es la Pureza, la que se renueva diariamente bajo la bóveda celeste por su única Pureza.*

Curiosamente, este versículo fue partido en dos por De Rougé sin preocuparse de los encabezamientos de los párrafos subrayados en rojo por el escriba Ani. Este eminente egiptólogo prefirió su apreciación personal del texto a la del Sacerdote de Osiris que volvió a copiar el texto sagrado de una muy antigua, de la cual conocía sin duda los sagrados jeroglíficos de memoria, pero el modo de interpretar el escrito a principios del siglo XX nos deja perplejos. Tal como la de De Rougé y su sombra Amelineau:

> *Él borra los pecados, elimina las manchas.*
> *Él lo explica: Es el repliegue de la vergüenza de Osiris.*

Y el siguiente:

> *Él quita todas las manchas que le quedan.*
> *Él lo explica: Osiris N. ha sido purificado el día de su nacimiento.*

Amelineau, cuya interpretación en un solo trozo hace un comentario sobre la forma de proceder de su colega de Rougé, que es una nota de humor. He aquí su texto comentado:

He destruido mis faltas, he inmolado mis males.
Interrogación: ¿Qué es eso? Es que ha sido cortada la corrupción de Osiris de Ani sólo de voz frente a todos los dioses, que han sido echados todos los males de sus compañeros. ¿Qué es eso? Es la pureza a partir del día del nacimiento.

Este versículo se comprende por él mismo (¡sic!) al igual que la interrogación que le sigue. Si hago un comentario es porque a mi parecer sólo hay un versículo. Y los que De Rougé y sucesores convirtieron en dos versículos viendo en el segundo "¿*Qué es eso?*", la separación de un versículo.

Teniendo en cuenta que la pregunta contiene dos o varias veces la interrogación, la lectura de los versículos, precedente y siguiente, incluye el empleo de la primera persona, y no sería para nada comprensible que el muerto hable de él mismo en primera persona, a continuación en tercera persona, para volver al final a la primera persona. Todo este embrollo de malentendidos no sirve para nada porque cada uno de los postulantes al "*Más Allá*", a través de escritos interpuestos, sigue su propia idea definiendo, además, sus principios gramaticales, donde el *yo* y el *él* no son más que conceptos usuales de trabajo que les son propios. Pero seguramente no son los que han guiado en su tarea epistolar a los grandes escribas de los templos en general y de Ani en particular.

De alguna forma, la prueba es matemática, ya que los diez primeros versículos contienen cuarenta y dos líneas de texto. Diez el es número divino, cuarenta y dos es el número de los Asesores situados en la Sala de Espera para el Último Juicio. Es por lo que el decimoprimero versículo introduce realmente la teología original. No sólo merece toda la atención de los lectores, además una disertación minuciosa basada en el texto literal ideograma a ideograma.

11.º versículo: (fin de la línea 43)

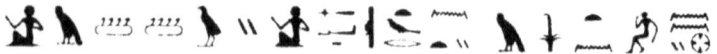

43 – Las generaciones menores, salvadas para repoblar una multitud en el "Lugar de Encima-de-las-Aguas" para Dios a este efecto,

44 – haciéndolos llegar en dos multitudes doloridas y agotadas a las tierras prometidas que Dios había salvado del agua

45 – en su Benevolencia a su intención. EXPLICACIÓN: Benditas sean estas generaciones en su nombre de "Supervivientes

46 – del Diluvio" que llegaron a su Morada de la Alianza.

47 – OTRA VARIANTE tradicional: Benditas sean estas generaciones en su nombre de Supervivientes del Gran Cataclismo.

48 – Otro nombre de OTRA VARIANTE venida del Generador: Benditas sean estas generaciones en su único nombre de Supervivientes del Diluvio.

Expliquemos detalladamente el significado esencial de este pasaje de la Teología Tentirita, término a término:

Las generaciones menores. Los dos cartuchos ovales vacíos de todo nombre sobre los que están dibujadas las ramificaciones, rescatados de los Dos Primogénitos, figuran las generaciones menores salidas de Aha-Men-Ptah, llegadas de alguna forma de Amenta.

salvadas. El rollo de pie, contra el que se apoya una barca, es el signo figurativo del salvamento, sobre todo cuando le sigue el jeroglífico de "Palabra".

para repoblar. Aquí *palabra* tiene encima un joven pájaro que se sitúa bajo el nuevo Sol. Es el símbolo del repoblamiento.

con la bendición Divina. El signo de la onda única se sitúa sobre un nuevo sol que trae la Paz. Es una bendición debido al doble recordatorio que marca la bendición.

una multitud. El loto que emerge de las aguas teniendo a su izquierda al gavilán o Horus, significa toda la Descendencia.

en el Lugar emergido de las aguas. La especie de rueda situada abajo a la derecha, de una fracción de frase bien definida significa siempre un lugar –sea un país, una provincia o simplemente un nombre propio–. Aquí se trata de un nombre de un país prometido por la Palabra de Dios, como lo demuestra la silueta humana que habla, es el segundo país emergido de las aguas, de alguna forma la Segunda Tierra Prometida a este efecto.

haciéndolas llegar. El Sol brilla sobre el pollo que es el nativo de Horus, lo hace llegar con su descendencia gracias a la Palabra al lugar previsto.

en dos poblaciones. Sus nombres están bien definidos por el sol que está a la izquierda y de nuevo por el pollo, y las dos plumas que siguen forman las dos Almas.

doloridas. La explicación se lee por ella misma a través de esta pierna de pie cruzada por un brazo.

y agotadas. Aquí ocurre lo mismo, donde el Alma y la pierna están prácticamente atadas juntas.

sobre las tierras prometidas. Aquí, por fin, la explicación es fácil. La barca y el rollo llegan bajo el nuevo Sol gracias a lo que dijo Dios sobre las Tierras Prometidas.

que Dios. Este es el jeroglífico de Dios con la onda que trae la Paz.

para ellos. Este jeroglífico presenta las Almas de las dos generaciones menores.

había salvado. Este jeroglífico se explica fácilmente, ya que la flecha está arriba, el brazo vengador viene a continuación, acabando abajo con la barca salvadora.

de las aguas. Esa barca que llega en paz bajo el segundo sol, pasando de un agua tumultuosa a un agua mansa.

 EXPLICACIÓN.

Este término es genérico y es debido a nuestra contracción moderna que se explicaba en ese tiempo antiguo por la frase: *"Yo doy aquí por mi Palabra las frases que detallan los textos sagrados"*. Nosotros mantendremos a lo largo de esta traducción la palabra *explicación* cada vez que esta frase jeroglífica esté presente en el texto.

Benditas sean. La silueta de rodillas con las manos levantadas en signo de imploración, con el alma –la pluma– saliendo de la cabeza representa la adoración.

estas generaciones. Es el nombre genérico de la multitud naciendo de la flor del loto.

en su nombre. La Palabra designa y nombra el título de los Rescatados.

supervivientes del Diluvio. Las almas de los menores, por la Palabra sobrevivieron al Diluvio que está representado por tres símbolos, dos de ellos quebrados. Una línea es la onda apacible, dos son el símbolo de la inundación, tres el del diluvio y ocho el del Gran Cataclismo, como vemos en el planisferio de Dendera.

así como en su otro nombre. Ya hemos visto anteriormente el significado de la palabra nombre y veremos el significado de la palabra otro en la disertación que sigue a esta explicación que está representada por la copa encima de las dos Almas.

hijos de la Tríada de Poniente. Los hijos están representados por la descendencia del pollo salido de la tríada – la llama eterna, los tres puntos y el símbolo de la unidad por los tres bucles de la cuerda– en cuanto al poniente, siempre ha sido representado por el jeroglífico que parece un peine negro con ocho dientes, que todos los egiptólogos han fonetizado *Men* que, además, fue el emblema del primer rey de la primera dinastía, *Mena* ya que llegó del Poniente, con más exactitud, él fue el último descendiente divino rescatado de los supervivientes llegados de Amenta, que recordemos es la fonetización jeroglífica de Aha-Men-Ptah, el continente engullido, *el País de los Muertos,* que se encuentra en el horizonte occidental, *ahí donde el Sol se pone.*

es con este nombre. El escrito en forma de rollo significa un apodo patronímico.

que los Hijos. Son la generación de los Menores.

llegaron. Se podría añadir sobreentendido, ya que los mismos jeroglíficos de *dolorida* y *agotada* están presentes.

en la Morada de la Alianza. Igualmente se podría concluir con Dios después del Gran Cataclismo, ya que el jeroglífico de la *Morada* está situado sobre la del antiguo Sol –mitad de la esfera no girada–.

La continuación de este undécimo versículo que se inicia por OTRA VARIANTE se lee del mismo modo gracias a los jeroglíficos expuestos anteriormente.

De ahora en adelante es cierto que esta traducción, tan lógica como literal, sigue paso a paso el pensamiento de Ani en la meta que se había planteado. Este escriba de Usir (Osiris en griego) era un ferviente religioso monoteísta de Ptah, tenía la preocupación de que nada se perdiera, y por probada honestidad informó por escrito en este versículo, en su copia, dos variantes compiladas de otro lugar.

Hay que observar que los jeroglíficos caligrafiados en rojo, introducen desde ahora una nueva expresión, característica del Lenguaje Sagrado: *OTRA VARIANTE*. Se escribe: que sólo se puede leer como *otro decir*, como pretendieron los egiptólogos que simplemente creían en un error del Escriba en su copia. Sin embargo, *OTRO DECIR* es: y ha sido insistentemente utilizado en otras circunstancias, como por ejemplo en el tercer versículo, donde el ideograma de *Palabra Divina*, determina categóricamente el sentido de:

Él dice.

Este símbolo es muy utilizado en su sentido plural, triple, con el determinativo de la divinidad se convierte en el símbolo de las Palabras Divinas o de *Dios ha dicho*.

El versículo once (en la línea 47) dice: *"Benditas sean ellas, estas generaciones salidas del Gran Cataclismo que han engendrado la multitud del Segundo Corazón"*. Este dibujo antiguo lo ilustra perfectamente, porque reproduce fielmente las palabras del texto.

En el primer plano de este grabado flota el torso y rostro de Usir (Osiris) del continente que acaba de ser tragado, *Aha-Men-Ptah*, convertido en la Atlántida gracias a la pluma de Platón.

Por ello vemos a Osiris con los brazos levantados, manteniendo por encima de su cabeza una de esas *Mandjit*, en la cual vemos simbólicamente Los Supervivientes que engendrarán a la multitud, y que son los mismos descendientes de los Dos Hermanos enemigos: Sit que fue Ousit el Menor, y Ousir su Mayor. Ellos están situados a ambos lados de las que, gracias a sus oraciones permitieron la resurrección de Osiris, y son conocidas con el nombre de las *Dos Divinas*.

Entre ellas, el Escarabajo, Maestro de la Vida, y el símbolo Divino del mecanismo celeste, que durante un instante, aún en equilibrio, mantiene entre sus patas el antiguo sol que va a sucumbir, para que la barca no siga la misma navegación y llegue a una acogedora región terrestre.

Encima de este sol, y ya del otro lado, en fase de convertirse en los Bienaventurados Dormidos, tenemos a Geb, el último rey de Aha-Men-Ptah que se dejó morir deliberadamente en el lugar para que todos los que pudiesen ser salvados, lo fuesen. De ahí esta forma circular del Fénix que lo hace indestructible y le permite sujetar firmemente a su esposa Nut, que se convertirá por su hazaña en *La Dama del Cielo*, porque fue Ella, por abnegación, quien salvó a sus dos hijos.

No estando muerto, Osiris permite que la cólera Divina se apacigüe un poco y permita que las *Mandjit*, que son de reputación insumergible, salven los que serán para la historia: *Los Supervivientes del Primer Corazón*, Aha-Men-Ptah.

Los jeroglíficos dibujados en el interior del círculo inscrito por el cuerpo de Geb lo confirman: Que la Morada Celeste deje a los partisanos de Usit partir en paz hacia Occidente; Que sea la misma cosa para el hijo de Ousir.

Hay que prestar atención al jeroglífico que ha conservado aquí su antigua forma del cielo, a la altura del pecho de Nut, coronado por un corazón que alberga aún su descendencia (el pollo representa los nuevos nacidos representados aquí como un cuadrado).

En cuanto a Osiris, justo encima de su cabeza tenemos el mismo símbolo del cielo, pero esta vez en posición totalmente opuesta y sobre el cual descansa el alma de la futura multitud. (Los tres dibujos de las parcelas divinas son, recordémoslo, la forma normal de un plural).

Recordemos también que la historia completa de la última familia real de Aha-Men-Ptah, la Atlántida, está escrita en el primer tomo, de una trilogía consagrada al monoteísmo: El Gran Cataclismo, cuyo dibujo anterior reproduce el resumen.

Los símbolos de la divinidad, tanto en singular como en plural, formarán parte de un estudio complementario, porque sus complejidades gramaticales son tales que necesitarán varios capítulos. Está claro que los textos sagrados juegan sutilmente a través de la veneración de los escribas religiosos que no han dejado de copiar y volver a copiar en jeroglíficos los elementos sagrados del *Verbo* y las *Palabras* expresadas por el dios único, Ptah. Este temor de poder contrariar los mandamientos del Creador es la causa evidente de todos los giros adornados que rodean todas las diferentes explicaciones y variantes.

El escriba recopiló partes que podrían ser calificadas de apócrifas por el meticuloso espíritu de Ani, los otros manuscritos que poseía en el templo, por muy antiguos que fuesen, no tenían el grado de verdad para ser comparados con la copia del Ritual de la que se servía. Es por lo que con verdadera preocupación por la autenticidad, cada vez que añadía una frase, la iniciaba con un aviso caligrafiado en rojo que quería decir: *Otra variante*. El jeroglífico en cursiva *otro* se encuentra también en el versículo once con *otro nombre*.

A propósito de las variantes que aparecerán desde ahora en adelante en casi todos los versículos, Emile Chassinat, competente egiptólogo francés que hizo un trabajo de investigación en Dendera en el templo de Isis, la Dama del Cielo, donde está grabada esta teología, comenta en 1.893, de un libro escrito por su colega alemán Lieblein, titulado *El libro de las respiraciones*, lo siguiente:

> Lo que más me choca cuando se leen los textos editados, es la considerable cantidad de las variantes que contienen, donde los hechos enunciados así como los conceptos emitidos son idénticos. El motivo de esta anomalía puede explicarse en parte, al menos yo lo creo, por unas necesidades todas materiales a las cuales El Libro de los Muertos se vio sujeto. En aquel tiempo se debían vender ejemplares abreviados en los cuales, según el capricho, las creencias personales de los escribas o los recursos del comprador, se sustituían o añadían algunas fórmulas funerarias para volverlas más eficaces e infalibles.

Como se ve no había límite a la imaginación de los primeros descriptores que sigue limitada por un horizonte funerario mágico y de encantamientos, (sic) todas las interpretaciones han tenido la idea de la muerte fija en la cabeza, y han intentado demostrar la actividad incomprensible de los escribas, que sólo buscaban copiar los mandamientos divinos para que sus contemporáneos dejaran de pecar y ser impíos para poder acceder a la vida eterna.

Ya en 1894, en los anales del Museo Guimet Amélineau, la emprendía contra sus colegas sin darse cuenta que practicaba el mismo tipo de interpretación:

Es traducido por Pierret: Después de un gran espacio de tiempo, yo he venido en vosotros.

Por Chabas: Vosotros cuya grandeza es vuestra propia obra.

Y por Lefébure: Vosotros, yo os he creado.

No vamos a criticar, basta con dar mi traducción: *Vosotros sois la gran semilla del creador.*

Es el índice del nominativo.

 ââ mou. La gran semilla es una expresión análoga a

gran dominador (Lefébure) *Volerhabener Erscheinung* (Brugsch) y aquí tenemos de nuevo una aliteración: *ââ mou,* –gran semilla– *ââamu, Aamou, los Semitas.*

Como el versículo 11 del Capítulo XVII ha sido objeto de interpretaciones diametralmente opuestas, conviene citar al menos dos para permitir al lector profano sacar por si mismo una justa idea del foso que puede haber cuando uno busca el conocimiento. He aquí el texto de Rougé:

> En el gran estanque de la morada real del Hijo, el día de las ofrendas de los hombres piadosos al gran dios que reside ahí.
> Él lo explica: El que dispone las multitudes (¿de años? es uno de sus nombres; el Gran Lago es otro de sus nombres. Es el lago de Natron y el lago de Maâ. Otro modo: El que engendró las multitudes es uno de sus nombres; el Gran Lago es otro nombre. El gran dios que reside es el mismo Ra.

La segunda interpretación es de la Amélineau que se inspira en la anterior realizada en 1860, pero lo que vamos a leer fue redactado en 1910. Sin embargo, es interesante por constatar que hay una concordancia de idea, separadas por cincuenta años, lo que demuestra que ningún progreso ha sido realizado en el conocimiento de los jeroglíficos.

> *Yo soy puro desde el doble nido muy grande que está en Hene-Soutn (Ehnés) en este día en el los Rekhitou hacen la ofrenda al dios que está en ella.*
> *¿Qué es eso? Millones de años, (es) el nombre del uno; Gran Verde es el nombre del otro, lago de Natrón y lago de Maat.*
> *Dicho de otro modo: Conductor de millones de años (es) el nombre de el uno, Gran Verde el nombre del otro.*
> *Dicho de otro modo: Emisor de millones de años (es) el nombre de el uno; Gran Verde es el nombre del otro. En cuanto al Dios que está en ella (Amenti), es el mismo Ra.*

El comentario de este último escritor es demasiado sabroso para dejarlo pasar en silencio. Permite comprender por qué este tipo de trabajo ha seguido marcando autoridad en todos los medios y por qué ninguna empresa de traducción seria ha realizado trabajo alguno. Lo cito íntegramente:

> *Este versículo me parece fácil de comprender [¡sic!]. La interrogación trata de los nombres de los dos nidos que nos sorprende verlos nombrados como lago y recipiente. Pero esta sorpresa se acaba pronto cuando se observa que simplemente hay dos metonimias superpuestas la una a la otra para significar un mismo fenómeno. Los dos nidos no son nombrados lagos más que por una continuidad implícita en este preocupante sistema que es la doble cosmogonía.*
>
> *Estos nidos tienen cada uno una cuádruple designación, cada una diferente, cuando el nido o el lago representando la vida ordinaria no tiene más que dos teniendo tres veces el nombre de la Gran Verde, es decir, el nombre mismo del agua primordial de todos los signos desde donde los seres han sido sacados. En cuanto al primer nido, que llamaré por una figura análoga, la*

> *cuna de la segunda vida, los nombres que le son dados están bien adaptados para lo necesario, que se llame Millones de años o Lago de Natrón, Conductor o Emisor de millones de años, es evidente que todos estos nombres se refieren a la duración de la segunda vida, ya que se utilizaba el natrón para la conservación de los muertos, precisamente para que la perennidad de esta vida sea más eficaz.*

Es un estilo que va de pirueta en pirueta por más hábil que Amélineau lo haga en un cielo etéreo como hemos visto anteriormente por su forma de efectuar las comparaciones entre sus textos y los de sus colegas, De Rougé más prudente en sus comentarios acaba el versículo de esta forma:

> *La morada real del hijo, indicada como el lugar celeste del nacimiento del sol era asignada por excelencia para la purificación del hijo. Este bautismo lo asimilaba igualmente al sol naciente saliendo de las aguas. Los caracteres dados al lago de esta región mística parecen aludir al Nilo o al Mar, lo que se traduce por la gran abundancia o el gran lago, que además es uno de los nombres del mar.*

Aquí, se trata de una metafísica aleatoria o mejor de una psicostasis[3] compleja, es decir, un tipo de diálogo establecido entre el muerto y el más allá de la muerte. Sin embargo, este capítulo XVII, es todo lo contrario a un relato mortuorio, ya que contiene los preceptos de acceso a la vida eterna, que es el más allá de la vida terrestre. Todo el misterio del juicio de las almas nos es desvelado por esta pluma de avestruz que simboliza el alma. El diálogo es entre el muerto y su conciencia que no debe haber cometido el más mínimo pecado para poder acceder a la vida eterna, más allá de Amenta.

De esta forma se explica la coordinación de las formulaciones que se entrecruzan e interfieren en una dualidad inexplicable si no se

---

[3] La psicostasis se refiere al acto de valoración de un alma mediante su pesaje. Este tema es frecuente en las culturas antiguas, que consideran que el alma o materia espiritual puede ser juzgada en una balanza para determinar su destino.

efectúa una verdadera traducción correcta. La primera descripción del texto ofrece los elementos de la ley y del mandamiento que se confirman identificando, a menudo, Dios a través de su hijo Osiris. La vieja tradición ancestral estaba respetada por los escribas de esta forma, incluso si algunos forman parte de la religión solar.

La segunda explicación describe los otros "*dicho de otro modo*" donde aparecen los elementos del castigo a temer en el momento de juicio final si cualquier otro pecado ha sido cometido contraviniendo los dogmas.

Es para persuadir a esta humanidad demasiado inconsciente del pasado y hacerle comprender su origen divino que este ritual ha sido transmitido por Dios a Osiris bajo forma de varios mandamientos que se deben observar estrictamente como de órdenes superiores. De esta forma, la fe más absoluta en la potencia del creador, a través de un agradecimiento continuo de los beneficios recibidos sobre la tierra, permitirá el difícil paso hacia la vida eterna a través de la antecámara del juicio final, paso únicamente franqueable para las criaturas terrestres dotadas de parcelas divinas.

Es lo que el escriba Ani, como todos sus colegas de los colegios sagrados, han querido hacer entrar en todas las cabezas durante más de treinta dinastías, seis milenios, en esas almas inmortales, con la única condición de reconocer formalmente la primacía del Ser Supremo y prometiéndole obediencia a través de directivas conservadas sobre numerosos papiros.

El antiguo Testamento no es más que una reminiscencia egipcia, como será demostrado en la continuación de las obras que están en curso de edición[4].

Es evidente que muchos de los errores de los sabios egiptólogos provienen de ahí. La apelación cualitativa de *Libro de los Muertos* ha sido un fraude encontrado hace cien años en contra a la realidad. Esto

---

[4] Se trata de "La Eternidad sólo pertenece a Dios", obra en ocho volúmenes, cuyos dos primeros son *El Gran Cataclismo* y *Los supervivientes de la Atlántida*, ya aparecidos.

ha sido el freno principal al conocimiento proveniente de la noche de los tiempos. Esto es lo que vamos a confirmar antes de proseguir esta traducción a través de una mejor comprensión de los jeroglíficos o lengua sagrada.

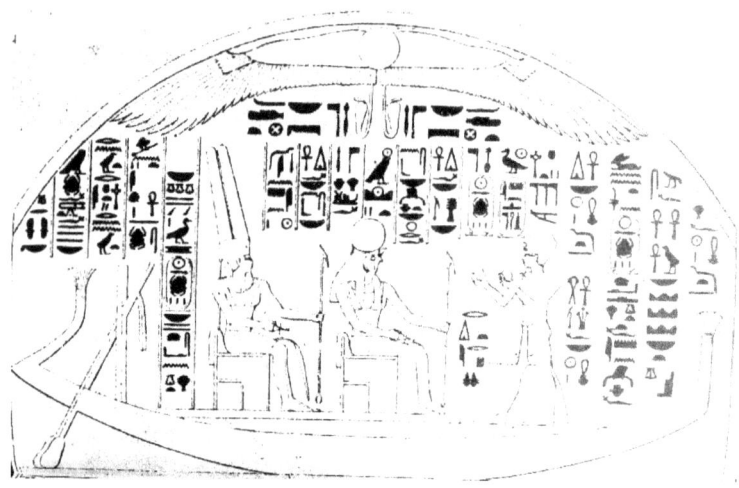

LA JEROGLÍFICA

El movimiento en el cual el sabio francés Champollion dejó los elementos de su doctrina necesariamente guió a los arqueólogos en el terreno de las hipótesis más o menos arbitrarias y los autorizó de alguna manera a sustituir su opinión por los datos equívocos del fundador de la teoría.
A. DE GOULIANOF (Miembro de la Academia de Moscú)
Los elementos de la Lengua Sagrada de los egipcios 1839

Queremón fue el compilador del *Saber por la Jeroglífica* que se mantiene para la posteridad, fue el primero en hacer público los elementos de lo que se llamaba *Lengua Sagrada de los egipcios*. Y este erudito sabía de qué hablaba, ya que no sólo era uno de los hierográmaticos más asiduos a la famosa biblioteca de Alejandría mucho antes que Julio César, celoso, diera la orden de quemarla.

Además Queremón era el: "Guardián Preservador de la Tradición Original", la que estaba escrita en pieles de cuero y preciosamente conservada en la biblioteca del Serapeum de Alejandría que no estaba situada en el barrio de Bruschium, totalmente destruido por el incendio, sino que estaba en el Rhacotis donde ninguna casa fue alcanzada por el desastre y por consiguiente todos los documentos se mantuvieron intactos.

Desgraciadamente sólo algunas briznas dispersas de la traducción griega de esta obra han llegado hasta nosotros. Fueron relatadas por los autores latinos como el monje bizantino Tzetzes en su libro *Aegytiaca*. Esto es aún más lamentable por ser este trabajo único en los anales de la historia. Ya que para nada hay que contar entre los trabajos serios el que efectuó Horapolion en el siglo V de nuestra era. Su tratado titulado *Hieroglyphica* fue, además, rechazado por todos los eruditos desde su aparición, y de hecho no es más que una imaginación deshilachada la que preside su composición. Curiosamente será Champollion el que lo saque del olvido citándolo elogiosamente en referencia a sus propios trabajos, probablemente, nuestro egiptólogo francés necesitaba un respaldo para asegurar su incertidumbre en cuanto a sus descubrimientos personales.

En el lenguaje jeroglífico de los egipcios, las figuras geométricas elementales eran formas reducidas de todo lo que existe o puede ser. Ellas representaban los prototipos de las cosas, significativas por su esencia. La creencia era que estos elementos constituían la base de las formas primitivas de la creación, expresando la palabra para cualquier cosa medible, como el número expresaba cualquier cantidad. El ángulo fue un brazo doblado, figuración que representaba el servidor, se convirtió por extensión y bajo otras formas figurativas en una expresión destacando la inferioridad o, al contrario, la potencia divina como instrumento de venganza.

Muchas palabras francesas encuentran una analogía idéntica entre las figuras geométricas o los números y las ideas de cualquier otro tipo como *circulation, circonvenir, circonspect* y también *tort, travers, incliné...* Estos términos son palabras abstractas que se expresan por medio de jeroglíficos, ya que se traducen mucho mejor por una simple lectura del dibujo.

Ocurre lo mismo con las palabras *ojo, mano, brazo, pierna, boca, cabeza*, y todos los órganos humanos. Los animales y los fenómenos de la naturaleza también tienen una gran cantidad de jeroglíficos comprensibles. Ellos formaban los principios universales de las cosas y de los seres.

El ejemplo más significativo que nos ha llegado de esta tesis es el del tratado de *La Filosofía según los egipcios* atribuido según los especialistas al mismo Aristóteles. En cualquier caso, sea quien sea el autor, conocía perfectamente la lengua sagrada egipcia porque se puede leer claramente:

> *Yo voy a considerar lo universal o lo intelectual según el espíritu de los que han enseñado a través de las misteriosas figuras y difíciles notas de expresar a pesar de que pensar es formar*

imágenes. El pensamiento del hombre es variable dependiendo de la naturaleza de los objetos espirituales y celestes, al igual que terrestres, de la cual toma las formas, convirtiéndose casi en lo mismo que ellos. Si las formas, en nuestra alma no eran parecidas a las de las cosas, no conoceríamos las cosas en realidad, ya que la verdad de una cosa es la cosa misma. Pero son las verdaderas formas invariables, intelectuales, las que el hombre debe esforzarse en alcanzar para asimilar sus pensamientos y su alma, elevándose por este único medio hacia su origen.

Es esta elevación del alma, a través del estudio de las causas primeras, fue el objetivo buscado por los que intentaron la Iniciación en la Casa de la Vida de Egipto. Si hubo pocos elegidos, muchos intentaron la experiencia y sacaron gran sabiduría. Allí aprendieron a emplear esas imágenes geométricas propias para demostrar el valor de las ideas y formular los más elevados pensamientos, mucho mejor de lo que podían hacer con las palabras de la lengua.

Aristóteles escribió también en el mismo tratado:

Conociendo los egipcios las fórmulas espirituales, las explicaban por una doctrina intelectual superior a los métodos humanos. Ellos grababan estos conceptos sublimes en figuras decorando las piedras de los muros de los templos. Hacían lo mismo para todas las ciencias y todas las artes, con el fin de indicar que el espíritu inmaterial lo había creado todo siguiendo los modelos particulares de cada ser.

Estas figuras explican como el hombre midió el mundo siguiendo los textos sagrados. Estos son los objetos que imitan las formas elementales del pensamiento del hombre, las formas que tienen su molde en las cosas, y que vuelven a rediseñar ese molde. Estas formas elementales existen y es en vano que se buscó un lenguaje universal de signos antes de haber comprendido estos elementos, como hubiese sido vano buscar un alfabeto antes de haber analizado los sonidos representados por los caracteres.

En todos los tiempos, estos jeroglíficos fueron objeto de una respetuosa consideración, ya que estas curiosas imágenes por su rareza no podían ser más que portadoras de un mensaje celeste: el de la ciencia divina. Su significado simbólico no podía ser más que místico e iniciático.

Lo que viene a decir en primer lugar es que los jeroglíficos tienen una base ideográfica altamente espiritual y que por este motivo mayor, estos símbolos no eran comprensibles al pueblo. En toda lógica, y en segundo lugar, significa que existía una escritura popular diferente que se leía en voz alta, por consiguiente, hablada: lo que más tarde se llamó el lenguaje *demótico*. Lo que nos deja suponer que la jeroglífica era un idioma escrito destinado a la conservación de la tradición original.

Clemente de Alejandría fue uno de los padres de la Iglesia, en el siglo III de nuestra era, él intentó volver a instaurar esta escritura con el fin de que la comprensión de esta iconografía religiosa, grabada en los muros de todos los templos de los faraones no se perdiese. Él la depuró y clasificó en diferentes órdenes en sus *Stromatas*. Esta es la única aportación de valor realizada desde Queremón que fue conservada en su texto griego. Teniendo en cuenta que el pasaje primordial ha sido comentado en versión latina la mayor parte del tiempo, es bueno recordar aquí a la memoria de los lectores esta excelente traducción francesa debida a Lettronne. He aquí lo esencial del capítulo cuatro del libro quinto de los *Stromatas* de Clemente de Alejandría que más tarde retomó Champollion para convencer a sus detractores y extrapolar arbitrariamente algunas partes que le convenían y dejando en la oscuridad las que le molestaban:

> *Los que entre los egipcios recibían instrucción aprendían ante todo un tipo de letras egipcias llamada espistolográfica, en segundo lugar la hierática de la que se servían los hierográmatas y, por fin, la jeroglífica. La jeroglífica era de dos tipos, una criológica que empleó las primeras letras alfabéticas, y la otra simbólica.*
> *El método se subdivide en varios tipos: Uno representa todos los objetos por propia imitación, el otro expresa de forma figurada, el tercero los expresa totalmente en alegorías a través de algunos enigmas.*

De esta forma, los egipcios, cuando querían escribir sol, dibujaban un círculo, para la luna dibujaban la forma de un cruasán. En el método trópico, o sea, figurado, cambiaba el sentido de los objetos por la vía de la analogía y los expresaba modificando su imagen sometiéndola a varios tipos de transformaciones.

De este modo empleaban los anaglifos cuando querían transmitir las alabanzas a los reyes bajo la forma de mitos religiosos.

He aquí un ejemplo del tercer tipo de escritura jeroglífica empleando las alusiones enigmáticas: los egipcios representaban otros astros por unas serpientes a causa de la oblicuidad de su movimiento, pero el sol estaba representado por un escarabajo.

La parte que se refiere a la jeroglífica fue muy contestada a partir de la época de Champollion: era evidente que molestaba a las interpretaciones, porque el alfabeto y su fonetización concebida por el joven egiptólogo francés no cuadraban con la fonetización de Clemente de Alejandría como la ciriológica, es decir, utiliza la primera imagen de las palabras en jeroglífico para visualizar un texto del cual constituye ella misma de algún modo la clave alfabética. Y esto no cuadraba con el descubrimiento hecho por Champollion.

Es conveniente detenernos para explicar convenientemente el método descrito por Clemente de Alejandría sin dudas algunas, ya que fue este el que me permitió desencriptar Dendera por completo. No hay que despreciar la traducción de Lettronne ya que las intenciones de Clemente se revelaron indiscutiblemente exactas:

a) Esta manera de expresarse utilizando la primera letra era a menudo empleada por el gran Platón que la había traído de Egipto. La encontramos en su libro *Politique* en la página 541, E, en el *Sophiste* p. 176, D, y también una veintena de veces en el *Téétète*, donde esta articulación "primera" era la misma: "su primitivo", "elemento primario", "primera letra", etc.

b) La realidad de los escritos de Clemente en cuanto a esta primera letra se encuentran grabados en los muros del templo de la Dama del Cielo en Dendera, especialmente en el texto tan conmovedor por su fervor que es llamado "La oración de Isis". ¿De qué se trata?

Este templo de Dendera ha conservado la totalidad de los textos tradicionales en jeroglífica pura desde más allá de la noche de los tiempos, El monumento actual está construido sobre las fundaciones sucesivas de cinco edificios anteriores que aún no han podido ser detallados en su totalidad. Los grabados sagrados se extienden sobre varios kilómetros de longitud si se dispusieran uno tras otro. El primero de estos textos es una oración fundamental: la dueña del lugar, Iset o Isis, que obtuvo de Dios el regreso a la vida de su esposo a través de su oración de intercesión. Esta oración es la más conocida por el nombre dado por los egiptólogos *Las Letanías de Hator*. ¿Qué quiere decir Hator? Simplemente *corazón de Hor*, es decir, *Madre de Horus*, es Isis, y no otra diosa.

En estos grabados, los títulos de la Dama del Cielo están bien ordenados en grupos, pero tienen como particularidad definir cada título de grupo por la misma imagen, es decir, por la misma primera letra. Si esta concordancia no fuese más que una ilusión sin importancia, no se reproduciría con esta constancia a lo largo de este dédalo de habitaciones dedicado a la Dama del Cielo. Hay demasiadas sutilezas en todos estos figurativos y es indiscutible que un sistema de aliteraciones preside a la comprensión de la jeroglífica. Es tan profundo en su búsqueda que casi cada palabra empieza por la misma primera letra para dar el alfabeto completo. La utilidad de tal organización salta a la vista, sobre todo porque además aporta el significado de algunas consonantes divinas, esto explica el término *anaglifo* introducido por Clemente de Alejandría, y que significa: jeroglífico de doble sentido.

Para los lectores interesados, he aquí algunos:

Lo que debemos comprender es que los *Stromatas* forman una obra que trata de la fe cristiana y que justo antes de este capítulo de sobre la jeroglífica, este padre de la Iglesia hablaba de la diferencia entre el orden de la Fe y el que alimentaba la ciencia. Clemente quería demostrar que el primero era estricto e independiente, y que al segundo se le añadían unos misterios a los dogmas sagrados que para los antiguos egipcios no eran más que objetos de fe y, ante todo, un medio de expresar el pensamiento.

Aquí habría un tema de disertación, pero el problema es diferente porque el pasaje de los *Stromatas* que le sigue inmediatamente demuestra que es entre los procesos empleados para preservar el espíritu mismo de la forma simbólica como debemos clasificar la escritura jeroglífica. Champollion en el impulso de su juventud con su brillante erudición adquirida, publicó en 1812 en Grenoble un pequeño libreto que es rarísimo de conseguir, ya que su propio autor lo retiró de la circulación. Se titulaba: *De l'écriture des Anciens Egyptiens*. Esta pequeña obra maestra desapareció de los estantes de las librerías en pocos meses con el pretexto de "que podía herir a las personas piadosas".

Este argumento se podía defender por el hecho de que Champollion hacía remontar las dinastías faraónicas al año 5285 a.C., es decir, antes del nacimiento cristiano de Adán. Además no había contradicción obvia con los relatos bíblicos, excepto esta muy dilatada antigüedad que todos los especialistas, a media voz, reconocían cuando hablaban entre ellos.

Fue por azar que encontré en un ejemplar del Colegio Jesuita del Cairo y un pasaje que llamó mi atención porque contradecía sin réplica los datos esenciales de lo que pocos años después se convirtió en el famoso *Précis du système hiéroglyphique* y que es el instrumento de trabajo de todos los apasionados del estudio de los jeroglíficos, este primer diccionario no hubiera podido ver el día si este libro no hubiera sido retirado de la venta por el propio autor. Porque su contexto demostraba sin discusión posible lo que sería el objeto de la *carta a Dacier* referente a su descubrimiento.

He aquí el pasaje completo:

> Estos manuscritos rápidamente llamaron la atención de los sabios de Humboldt, Rigord, Montfaucon, Compte de Caylus, Zoëga, abad Barthélém y los miembros de la Comisión de

Egipto, que han reconocido que la escritura de estos rollos difería esencialmente de los jeroglíficos. Unos la consideraron como escritura egipcia hierática, otros como escritura popular o epistolográfica, mencionadas por los autores griegos, pero todos acordaron un punto importante: Que la escritura de estos manuscritos egipcios era alfabética, es decir, que se componía de signos destinados a recordar los sonidos del idioma hablado. Un largo estudio y una comparación cuidadosa de los textos jeroglíficos con los del segundo tipo, observados como alfabéticos nos llevo a una conclusión contraria. El resultado de las aproximaciones:

1º- Que el segundo sistema no es más que una simple modificación del sistema jeroglífico y no difiere más que por la forma de los signos.

2º - Que la escritura de los manuscritos del segundo tipo no es alfabética.

3º - Que este segundo tipo de escritura es la hierática de los griegos y que debe ser estudiada como una taquigrafía jeroglífica.

4º - Finalmente, los caracteres hieráticos, y por consiguiente aquellos de los que derivan, son signos de cosas y no de sonidos.

Después de esta postura categórica adoptada por Champollion en su libro impreso en 1812, la mayoría de los sabios, convencidos de cualquier existencia de signos alfabéticos, se sintieron ridiculizados hasta tal punto que, después de una advertencia del clero al autor contra sus revelaciones en cuanto a la antigüedad de los templos a orillas del Nilo, el egiptólogo francés recuperó todos los ejemplares puestos a la venta para quemarlos.

Dos años más tarde apareció *Précis du système hiéroglyphique des Anciens Egyptiens*. Todos los signos estaban ampliamente disecados, repertoriados y metódicamente clasificados partiendo de los principios de fonetización general puesta a punto por su autor expresada en su carta a Dacier, de la *Academia de Inscripciones y Bellas Letras*.

El título del quinto capítulo, entre otros, define claramente el desarrollo mental del pensamiento del autor: *Application de l'alphabet des Signes phonétiques à divers groupes de formes grammaticales hiéroglyphiques.*

Al principio cada uno creyó en esta intuición genial que se produce una vez por siglo en algún lugar del mundo, porque Champollion hubiera podido realmente haber encontrado la llave de este enigma, habiendo viajado a Egipto y traído con él un gran número de documentos inéditos. Pero la desilusión llegó pronto al aplicarla cuando los eruditos se dieron cuenta que con este libro no podían lograr precisión alguna de los textos, y aún menos cualquier tipo de comprensión digna de este nombre. La ceguera persistió y únicamente unos pocos iluminados, a través de la lectura de los cartuchos reales tolemaicos, tal como reconoció francamente Champollion antes de morir, escribiendo *Application à divers groupes de formes hiéroglyphiques.*

Algunos pasajes de este *Précis* son significativos a pesar del método del autor y la extrapolación que hizo del pensamiento de los autores antiguos. Tal fue el caso para Clemente de Alejandría, del cual hemos reproducido el anterior pasaje de los *Stromatas* deformándolo intencionalmente para justificar mejor su interpretación personal de los jeroglíficos.

He aquí el pasaje del *Précis*, situado en el capítulo 27, párrafo 5:

> *Es fácil, en efecto, comprender que todas estas imágenes tan diversas no pueden ser tomadas en el sentido propio, sobre todo las que en su composición violan las reglas inmutables de la naturaleza. Por otro lado, se concibe difícilmente la existencia de una escritura formada de signos representativos de cosas que desprecien siempre la expresión propia de los signos que utiliza, procedería únicamente por figuras retóricas, símbolos y métodos enigmáticos en la representación de las ideas y de sus objetos incluidos los más materiales. Además tampoco se comprendería que un pueblo que ha llegado a tan alto nivel de desarrollo en todos los aspectos, hubiera podido sancionar y perpetuar el uso de una escritura que no sería totalmente independiente de su lengua hablada.*

28. – El número inmenso de inscripciones concebidas en estos caracteres, imágenes de objetos físicos que cubren los monumentos egipcios públicos y privados en todas las épocas de su civilización, demuestra en primer lugar la utilización de los jeroglíficos en todo el valle del Nilo lo que nos hace sospechar que esta escritura no fue antaño diferente de aprender como pudiéramos pensar, y sobre todo, que tal sistema jamás fue reservado, como aún una pequeña fracción desearía mantener, a una clase privilegiada de la nación egipcia. En efecto, fue Clemente de Alejandría quien escribió que incluso en su tiempo, los egipcios que recibían instrucción, aprendían los tres tipos de escritura egipcia: la epistolográfica, la hierática y la jeroglífica.

Es evidente que esta última frase es completamente contraria al espíritu y a la letra del pasaje de Clemente citado como referencia por Champollion, donde se dice textualmente:

Los egipcios que recibían instrucción, aprendían ante todo la epistolografía, en segundo lugar la hierática que usaban los hierogramáticos y, por último, la jeroglífica.

Lo que viene a decir que los que eran aptos en el aprendizaje aprendían lo que Clemente llama la espistolografía, y si eran capaces de seguir sus estudios, aprenderían la hierática para convertirse en hierogramáticos y sólo los que habían superado la aptitud necesaria para una educación superior eran iniciados en la jeroglífica. Esto lo comprendió muy bien Champollion, pero necesitaba demostrar la veracidad de sus teorías bastante débiles en su inicio.

Es por lo que numerosos sabios y helenistas de su tiempo se rebelaron con vehemencia contra esta manera de proceder. Después se apuntaron los orientalistas que, como buenos filólogos, no le dieron la razón. Pero la muerte le sorprendió de repente cuando acababa de ser nombrado profesor en el Colegio de Francia, cortando de raíz todas las protestas y todas las polémicas que se habían elevado en contra. Es seguro decir que si nuestro egiptólogo hubiese vivido unos meses más, seguramente hubiera revisado su punto de vista en cuanto a la fonetización lingüística y seguro que algunos errores hubieran sido borrados, como el de la página 50 de su *Précis*:

Los signos reconocidos como fonéticos en los nombres propios, conservan este valor fonético en todos los textos jeroglíficos en los que se encuentran.

Este es el error más grosero que cometió, como se verá más adelante en este mismo párrafo. Sin embargo, Champollion era un genio y su intuición "mística" le permitió percibir verdades que le permitían evolucionar y cambiar sus ideas. Si hubiera tenido tiempo de darse cuenta de que sus pensamientos anteriores eran nulos, incluso si los había arreglado para que su público no se diera cuenta, suscitó tantas vocaciones eméritas que la egiptología le debe desde hace ciento cincuenta años sus principales descubrimientos. Que descanse en paz, ya que este único hecho bien le valdría una Legión de Honor. Sin olvidar que el impulso del progreso del conocimiento de los jeroglíficos le vino a través del descubrimiento de la famosa piedra de Roseta encontrada por los soldados de ejército en Egipto de Bonaparte.

Las primeras huellas de esta piedra, portadora de un decreto de los tolomeos grabada en tres idiomas, llegó a Europa antes que fuese enviada al British Museum de Londres por lo marineros de Nelson que la habían capturado. Lo que creó en el mundo sabio un amplio movimiento de interés y curiosidad, cada uno se lanzó en tentativas de traducción.

Akerblad, erudito sueco que se había volcado en los trabajos de Zoëga, su eminente colega danés de finales del siglo dieciocho[5], empezó el estudio trilingüe a su propio estilo, basándose sobre lo que aprendió de los *Stromatas* de Clemente de Alejandría, siendo las tres lenguas el griego, el hierático (lengua popular) y la jeroglífica.

Pero Akerblad no tuvo seguidores en este camino. Se dedicó a otros trabajos después de haber demostrado que los nombres propios de los reyes y emperadores grecorromanos eran efectivamente legibles en los tres idiomas a través de una única fonetización independientemente de la escritura dada a los nombres.

---

[5] De Usu et Origine Obeliscorum. Roma 1799.

Poco tiempo después de él, en 1814, el doctor Young, célebre matemático de la pérfida Albión de entonces, fue el primero en discernir (esto ocurría en el momento que Champollion negaba en su libreto de Grenoble el alfabeto de este idioma) que los cartuchos de los jeroglíficos incluidos en el texto de la piedra de Roseta contenían los signos que daban un valor fonético al texto griego correspondiente al nombre de Ptolomeo, pero no fue capaz de asignar a cada signo el valor fonético que representaba.

Sin embargo, en 1918, antes de que Champollion escriba su carta, el doctor Young presentó en la Enciclopedia Británica los certeros resultados que había conseguido determinando siete letras alfabéticas descubiertas gracias a los famosos cartuchos reales. Pero se equivocaba ampliamente en sus estimaciones convirtiéndose en el hazmerreír de sus colegas, lo que le afectó profundamente y abandonó sus investigaciones sobre la fonética dirigidas, no obstante, en la dirección correcta. Lo que fue una pena ya que su formación en matemáticas lo había situado muy cerca de la verdad.

Los creadores de esta jeroglífica se remontan a la noche de los tiempos y sólo podían edificarla sobre unas bases tan sólidas como simples e igualmente tan sutiles como previamente conocidas. Este hilo de razonamiento es evidente para el versado en matemáticas pero puede parecer complejo a cualquier otra persona. Es por lo que esta gramática de símbolos, aparentemente compleja por su iconografía, existe de hecho.

Champollion, poco lógico y malo en matemáticas, ¿hubiera tenido o no conocimiento del trabajo del doctor Young?, escribió con prisas los primeros elementos de su fonetización alfabética en una transcripción jeroglífica arenosa y ciertamente movediza. Es fácil demostrar la inutilidad del alfabeto de Champollion en cuanto se intenta leer un texto jeroglífico. Para ello vamos a utilizar caracteres vivos, por decirlo de alguna forma, ya que vamos a explicarlo a través de la jeroglífica japonesa contemporánea, fácil de verificar.

Nos basamos en el Nuevo Testamento de la historia sagrada, traducido al japonés del griego, arameo o del francés, poco importa ya que los nombres y los apellidos japoneses no tienen ningún comparativo con estos idiomas. Cuando se trata de traducir, entre otras cosas, el nombre de la Santa Virgen: María, no solamente no encontramos ninguna concordancia en la fonética japonesa, sino que además el sonido R no puede ser producido, o escrito, ya que su sonido no existe. Se utilizó, pues, un subterfugio lingüístico, como se usan a centenares en los cursos de traducción, efectuando una composición jeroglífica de lo más precario e incomprensible en japonés para conseguir MARÍA.

Tres caracteres fonetizaron una consonante verbal lo más parecida en una misma categoría de sonidos:

"*MA-LI-YA*", así "*MALIA*" es fonéticamente lo más cercano a MARÍA, véase:

Pero estos tres jeroglíficos no significan de ningún modo *MALIA* en japonés, porque estos tres signos no se pueden unir los unos a los otros. ¿Qué significan?

MA = JASPE

LI = BENEFICE

YA = DEUXIEME

MA = Jaspe
LI = Beneficio
YA = Segundo

Esta combinación extravagante de tres sonidos característicos de un apellido extranjero, que fonetiza la Virgen de Nazaret, la madre de Jesús, MARÍA, no puede limitarse estrictamente, en japonés, a permitir la continuación de la lectura de un texto sagrado, ya que no significa más que un conjunto se sonidos inexpresables de otra forma y sin transmitir el significado del nombre MARÍA porque estos tres jeroglíficos en japonés no significan nada en conjunto y no pueden ser leídos juntos,

Por el mismo motivo no tiene significado sensato alguno la traducción jeroglífica basada sobre los principios expuestos por Champollion que se basó en los sonidos de sustitución utilizados en los cartuchos reales e imperiales grecorromanos. Es por ello que los principales textos teológicos, entre ellos este importante capítulo XVII, objeto de nuestra atención, interpretado por diferentes autores no tiene significado alguno.

Es un poco como si en nuestros días quisiéramos escribir en latín palabras con un sentido desconocido hace dos mil años como: *patata frita, electrónica, antena de televisión*. Sólo una imagen sugestiva nos permitiría transmitir a través de cualquier época un sentido imposible de traducir de otra forma. Esto es lo que hicieron los grandes sacerdotes recopiladores de la jeroglífica del primer corazón para el uso de sus menores del segundo corazón.

El trabajo febril efectuado por Champollion en su joven treintena, antes de su muerte prematura, seguramente no llegó a la conclusión lógica que debería haber tenido. Seguro que si hubiese vivido algunos meses más la traducción de los cartuchos se hubiera transformado realmente en un trabajo sólido y duradero, ya que tenía a su disposición una ingente cantidad de documentos originales recogidos por él mismo a lo largo del Nilo y actualmente desaparecidos.

Por sus manos pasaron un número incalculable de papiros a su disposición para ser estudiados, pero es muy evidente que nuestro egiptólogo se había fijado en la búsqueda de una llave para ser el primero en poder traducir los jeroglíficos, y su intuición le falló al no volcarse seriamente en el otro aspecto del problema. Y quizá esta sobreabundancia de bienes perjudicó el éxito merecido que hubiese tenido sin ello. En cualquier caso, pocas personas poseían tal inteligencia.

¿En efecto, cual fue exactamente el proceso puesto en acción por Champollion para crear pieza por pieza ese *Alfabeto de las letras fonéticas jeroglíficas*? Este resultado sólo fue justamente posible gracias a los centenares de copias de cartuchos reales recuperados. De esta forma pudo yuxtaponer copia por copia todos los dibujos a los signos extranjeros y zoólatras hasta conseguir un acercamiento directo entre dos nombres comprobados: Ptolomeo y Cleopatra.

He aquí los dos nombres en sus formas jeroglíficas para que cada lector pueda comprobarlo por si mismo:

PTOLOMAIOS KLEOPADRA
Eternamente Viviente
Amado-de-Ptah

En primer lugar conviene devolver a los nombres reales grecorromanos sus consonantes heleno-latinas, lo que hizo Champollion. Después él vio que las letras *P, T, O* y *L* de PTOLOMEO se encontraban en la palabra CLEOPATRA lo que de ninguna manera había presentado el doctor Young. He aquí los cuatro signos cuya fonética es al menos un acercamiento a una lectura normal de un texto ordinario egipcio:

Como las letras griegas alfabéticas no son importantes en la materia para asegurar la comprensión de este jeroglífico fonetizado, es inútil añadir aquí cualquier otro carácter extraño y el sonido afrancesado bastará.

Añadiendo a las concordancias de Ptolomeo y Cleopatra, las combinaciones obtenidas con los nombres Berenice y Alejandro, Champollion siguiendo su punto de vista esbozó una hipótesis muy alentadora que se confirmó por el estudio de decenas y decenas de cartuchos como los siguientes:

PHILIPPE   TIBERE-CESAR   CLAUDE-TIBERE   ARSINOE

Ensamblando todos los signos conservados consiguió obtener a través de distintos tipos de sonidos un alfabeto jeroglífico. Es bueno observar que este trabajo era muy aproximativo si comparamos en primer lugar la T de Ptolomeo con la de Cleopatra que, de hecho, se pronunciaba D en la aproximación fonética faraónica del transcriptor hierogramático. Exactamente como la R de María se convirtió en L. Debemos añadir que cualquier posible analogía alfabética en los dos cartuchos siguientes relativos a Tiberio son diferentes. Es inútil hablar más sobre el nulo valor de este *Précis* ya que este método de investigación fonética de los nombres de los emperadores grecorromanos es falso, surgiendo del concepto explicado anteriormente relativo a los japoneses que transcribieron el Nuevo Testamento a su idioma como pudieron.

Incluso la fonetización de las letras dadas por casi seguras no permiten certeza alguna. El caso de la P, con el que debemos tener cuidado ya que en este curioso idioma que es el griego se pronuncia F y se escribe PH.

Y en copto, que es una emanación del egipcio popular antiguo, el nombre de dios que es PTAH, se pronuncia PHTAH. Para el resto tampoco es seguro que podamos basarnos en una pronunciación copta para extraer una fonetización de los jeroglíficos. En efecto, en todos los tiempos diversos dialectos coptos se hablaban en el Bajo y Alto Egipto que diferían enormemente entre si.

Los tres dialectos más importantes eran el menfita, el tebano y el bashmourique[6], sin embargo había tanta diferencia entre estas tres lenguas como la hay entre el vasco, el alsaciano y el auvernés. ¿Qué semejanza hay entre estos tres dialectos? ...la misma que entre el copto y los jeroglíficos.

El objetivo de este párrafo no es establecer una polémica, sino para ver bajo otro ángulo los papiros jeroglíficos con un ojo que no será velado por ningún prejuicio con la esperanza de poder sacar el significado completo de la jeroglífica. Continuamos con la traducción del capítulo XVII.

NUT, la última reina de Aha-Men-Ptah está arqueada por encima del Gran Cataclismo (simbolizado por el antiguo jeroglífico del cielo vuelto de revés) para crear un gran puente para los supervivientes y asegurar a sus descendientes la llegada a Ath-Ka-Ptah, la tierra prometida: El Segundo Corazón.

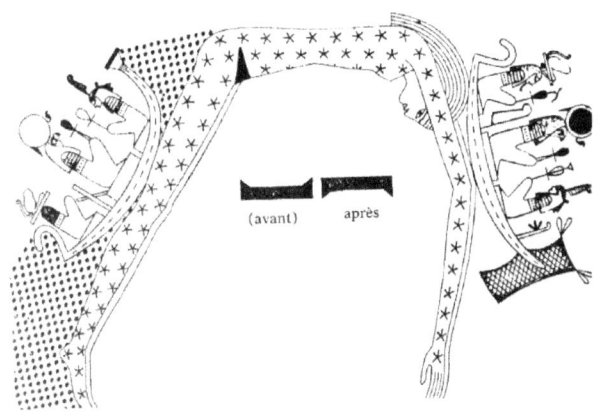

---

[6] Hablado en su época en la zona de El Fayoun, en el medio Egipto.

MANDAMIENTOS PARA ACCEDER AL MÁS ALLÁ DE LA VIDA TERRESTRE

El capítulo XVII, uno de los más importantes y de los más antiguos, empieza por la cosmogonía heliopolitana, el nacimiento de Toum saliendo del agua y el levantamiento del firmamento.
ED. NEVILLE (Egiptólogo suizo)
La religion de los antiguos egipcios, Ed 1922

En primer lugar debo expresar desaliento porque el editor de los textos de Berscheh juzgó oportuno dejar de lado, por ser bagaje inútil, el capítulo XVII, para el que sin embargo las más mínimas variantes hubieran sido bien recibidas para explicar algunas partes que parecían al principio tan oscuras.
LACAU (Egiptólogo francés)
Registro de monumentos egipcios, Ed. 1904

CAPÍTULO XVII (B)

Retomemos el desarrollo de esta *Teología Tentirita* recordando el versículo once que aún no habíamos compilado.

> *Versículo undécimo:*
> *Las generaciones menores, salvadas para repoblar una multitud en el "Lugar de Encima-de-las-Aguas" para Dios a este efecto haciéndolas llegar en dos multitudes doloridas y agotadas a las tierras prometidas que Dios había salvado del agua en Benevolencia a su intención.* EXPLICACIÓN: Benditas sean estas generaciones en su nombre de "Supervivientes del Diluvio" que llegaron a su Morada de la Alianza.
> OTRA VARIANTE tradicional: Benditas sean estas generaciones en su nombre de Supervivientes del Gran Cataclismo.
> Otro nombre de OTRA VARIANTE venida del Generador: Benditas sean estas generaciones en su único nombre de Supervivientes del Diluvio.

En la jeroglífica esta iconografía aparentemente zoólatra tenía su motivo de ser por alusiones enigmáticas a los movimientos de los astros a los cuales se referían estos signos tal como lo escribió claramente Clemente de Alejandría. Esto es aún más perceptible gracias al templo de Dendera, en el techo de una sala superior había un grabado que causó gran revuelo en cuanto fue descubierto por los miembros de la comisión científica que acompañaba al ejército egipcio de Bonaparte. Este grabado representaba un planisferio, una carta del cielo de un día lejano, rodeada en su totalidad por ocho líneas quebradas, un súper diluvio. Es lo que yo he denominado *El Gran Cataclismo*.

Es toda la historia religiosa la que inspiró a los escribas durante numerosas generaciones: aquella de los RESCATADOS DEL GRAN

CATACLISMO, de la Atlántida para utilizar este nombre querido a Platón, que relata la continuación de este capítulo XVII.

12.° versículo:

49 – ¡Yo soy el Guía Divino, enviado para luchar contra la idolatría solar!

50 – He caminado a lo largo de la Vía Sagrada para dominar a todos los Rebeldes y hacer entrar sus almas en el Reino de los Redimidos

51 – EXPLICACIÓN: Retornados con aquellas que están en lo Increado, lejos más allá del Horizonte occidental,

52 – ellas viven desde ahora en paz con Osiris en la Morada del Occidente Iluminado, junto al Bien Amado, el Maestro del Reino.

53 – de los Redimidos en Amenta. OTRA VARIANTE: Él franqueó el umbral de la Sala en su compañía, vigilado por

54 – el Padre de la Destrucción para llevarlos a la Luz en los Campos Elíseos de los Bienaventurados,

55 – ahí donde renacerán todos los hijos de Geb.

> *Versículo duodécimo:*
> *¡Yo soy el Guía Divino, enviado para luchar contra la idolatría solar! He caminado a lo largo de la Vía Sagrada para dominar a todos los Rebeldes y hacer entrar sus almas en el Reino de los Redimidos. EXPLICACIÓN: Retornados con aquellas que están en lo Increado, lejos más allá del Horizonte occidental, ellas viven desde ahora en paz con Osiris en la Morada del Occidente Iluminado, junto al Bien Amado, el Maestro del Reino de los Redimidos en Amenta. OTRA VARIANTE: Él franqueó el umbral de la Sala en su compañía, vigilado por el Padre de la Destrucción para llevarlos a la Luz en los Campos Elíseos de los Bienaventurados, ahí donde renacerán todos los hijos de Geb.*

A partir de este versículo entramos en los intérpretes tradicionales en una vía absolutamente incomprensible. El texto de De Rougé lo divide por error en dos versículos:

> *Yo camino en su vía, yo sé mi cabeza está en el recipiente de la doble justicia. Él lo explica: Ro-sta es la puerta del mediodía de Anaaren, la puerta del norte da a Osiris, el recipiente de la doble justicia está en Abydos.*

De Rougé añade como comentario: "*Parece que este versículo tiene alguna laguna*", pero para familiarizarse mejor con el abismo que separa a los intérpretes en este capítulo XVII, citemos otra versión moderna de Barguet de hace una decena de años[7]. La jeroglífica está totalmente sacada de su contexto. Ninguna de las partes del versículo va seguida, se ve fraccionada según los criterios del autor sin tener en

---

[7] *El libro de los Muertos*, por Paul Barguet, Ed. Cerf, 1967.

cuenta el texto del escriba. A continuación, esta versión en la que se inspira De Rougé:

> Yo voy sobre el camino que conozco en dirección de la isla de los Justos. ¿Qué es eso? Es Re setaou. La puerta sur es Naref, y la puerta norte es Iaâ Osiris. En cuento a la isla de los Justos es Abidos.
> Otra versión: Es el camino sobre el cual camina Atum cuando va a los Campos de Souchets.

Sería ocioso y finalmente vano disecar cada palabra de estos textos que no reflejan más que el pensamiento de sus autores y de ninguna manera el pensamiento que animó el fervor epistolar de los escribas. Para explicar las palabras anteriores y darles un sentido aunque fuese insensato, sería necesario añadir tales contracciones evidentes que no harían más que aumentar las incoherencias para formar un todo. Sin embargo, de ninguna manera es posible conciliar lo inconciliable.

En ningún lugar se cita la doctrina inicial utilizada en estos escritos desde el inicio del Antiguo Imperio. *El Dormido*, sea cual fuese su profesión o situación social en la jerarquía, era idéntico a los demás excepto por su alma, para el acceso al más allá de la vida terrestre. Por lo que él estaba muy lejos, en otro plano espiritual, por sus interpretaciones aberrantes y sin duda curiosas. Centenares de páginas no bastarían para comentar este único y muy simbólico versículo. Es muy posible que, en un día cercano, exégetas bien intencionados se interesen en este Ritual Funerario y en particular en este capítulo XVII. La necesidad de disertar teológicamente será apartada en lo que se refiere al conjunto de las palabras divinas.

Existe aquí un pasaje remarcable que vamos a comentar. Es el de los *Campos Elíseos*

Esto podría parecer bastante anacrónico a los lectores no avisados, en efecto, encontramos que la mitología griega ha usado este término *Campos Elíseos*, el término de *Campos de Souchets* sacado de *Campos de Ialou*, y que tiene el mismo significado actualmente como en la antigüedad, muy anterior a la expresión griega que fue tomada prestada a los egipcios como otras muchas.

Las creencias tradicionales más antiguas hablan de un lugar paradisíaco poblado por almas excepcionales que, después de haber vivido sobre la tierra de forma mortal, vivían eternamente. Ahora bien, cuando se restableció la jeroglífica ello permitió volver a dibujar la historia de los ancestros, los Primogénitos que representaron como figuras de Héroes. De este modo, los templos mantuvieron grabados en el mismo granito los más antiguos textos que relataban la vida de esos hijos de Dios en el Edén que fue el bíblico, un paraíso para los bienaventurados habitantes de esta tierra.

En cuanto a su fijación, tanto al este como al oeste, no tiene nada de preocupante, si se admite el hecho real el giro del eje terrestre, haciendo que el sol se levante en el lugar donde los observadores del primer corazón lo habían visto ponerse antes de evacuar su patria para acostar en otra orilla menos hospitalaria en todos los aspectos y muy lejana.

Mucho más tarde también encontramos este pensamiento basado en la realidad e incluso, si más adelante los politeístas la usaron bajo los más diversos nombres: el Jardín de las Hespérides, las Islas Afortunadas, las Islas de Ogyvie, la Tierra de la Juventud, no son más que deformaciones de la denominación griega de los Campos Elíseos.

Esta tradición de un paraíso perdido, basada netamente en un fondo tradicional común a las múltiples analogías en Egipto, con los *Ati-Ahâu*, o los *Campos de Ahâu*, o *Tierra de los Ancestros*. Homero representa estos campos como estando situados en la extremidad de la tierra, pero sabemos por Estrabón[8] que muy antiguamente se la situaba mucho más allá de las costas mediterráneas de Iberia. Los mismos *Bárbaros*, denominación que Plutarco daba a los egipcios, compartían la opinión general de que las Islas Afortunadas estaban alejadas de África diez mil

---

[8] Geographie, t. II, ch. 2.

estadios incluyendo los Campos Elíseos que era la residencia de las almas felices cantadas por Homero[9].

Más tarde, Píndaro siguió sus pasos describiendo los Campos Elíseos adoptando la moda de su tiempo, uniendo desde entonces la realidad a la ficción[10]. *Los buenos llevan una vida feliz disfrutando de la luz del sol tanto de día como de noche sin tener que remover la tierra o las aguas del mar para sacar los mínimos alimentos. Todos los que han respetado la santidad del juramento pasan una existencia sin lágrimas cerca de los dioses.*

El duodécimo versículo, cuatro milenios más antiguo que el texto descrito anteriormente y mucho más cerca de la realidad original como veremos a continuación, emplea, sin embargo, frases de composición semejante ya que es un edicto de los descendientes del primogénito, es decir, Osiris. Los Campos Elíseos como tales serán ampliamente descritos más adelante y es inútil detallarlos ahora ya que siguen siendo *esa llanura fértil más allá del horizonte, ahí donde se recolectaban las más fértiles cosechas divinas.*

La continuación del texto original con su lógico cortejo de similitudes es analógico en la continuidad no interrumpida de la trama de este capítulo XVII:

13.º versículo: (Fin de la línea 55)

---

[9] Vida de los hombres ilustres, IX.

[10] Olympique, t.I, ch.2.

55 – Ellos se convertirán en los Bienaventurados con almas ligeras cuyo lugar es la Morada

56 – del Poniente, que es la del Más Allá de la Vida de las Almas Divinizadas de todos los Hijos descendientes del Primogénito,

57 – Por ello los Redimidos habitan la Morada del Occidente Iluminado. OTRA VARIANTE: Los escalones de acceso

58 – que conducen a la Luz que domina la Destrucción, abren así las Puertas de la Morada Oriental de la Alianza,

59 – iluminada por el Generador que vela por sus hijos y vigila sus niños, los que combatieron por él más allá del Horizonte.

> *Versículo decimotercero:*
> *Ellos se convertirán en los Bienaventurados con almas ligeras cuyo lugar es la Morada del Poniente, que es la del Más Allá de la Vida de las Almas Divinizadas de todos los Hijos descendientes del Primogénito, por ello los Redimidos habitan la Morada del Occidente Iluminado. OTRA VARIANTE: Los escalones de acceso que conducen a la Luz que domina la Destrucción, abren así las Puertas de la Morada Oriental de la Alianza, iluminada por el Generador que vela por sus hijos y vigila sus niños, los que combatieron por él más allá del Horizonte.*

He aquí la fantástica versión de De Rougé:

Vosotros que estáis en presencia del dios, tendedme vuestros brazos para que sea uno de vosotros.
Él lo explica: Es la sangre que ha salido del miembro del dios Ra cuando se lo quiso cortar él mismo. De ello se formaron los dioses que son los que están en presencia de Ra: Es Hou, es Sau, ellos están con su padre Toum cada día.

Su comentario se ve matizado en cuanto al valor que él mismo da a su interpretación:

Yo no creo que en este versículo trate de una verdadera mutilación del dios Ra. Debemos pensar, bien en la circuncisión, bien en una doctrina de origen divino dada a las facultades del alma.

Además, añade:

A pesar de la oscuridad de estos símbolos y de los continuos rodeos de los comentarios, yo creo percibir el hilo que une estos versículos: Horus itifálico anuncia la concepción, el niño llega al mundo, él se ve circuncidado y purificado, él sale de la onda con el Sol y coordina su ruta con la de Dios. Después el recibe sus facultades, emanaciones directas de Ra de Toum.

Amelineau explica este mismo pasaje de tres versículos de su composición:

> Ahí nacen las provisiones frescas de los dioses que están detrás de su cabina. Cuán segura a esta puerta santa es la puerta de los apoyos de Shou.
> Otro decir: Son los dos batientes de la puerta de la célula que atraviesa Toum hacia la montaña oriental del cielo.
> ¿Qué es eso? Son las gotas de sangre que salen del falo de Ra como resultado de lo que se cortó para hacer las secciones de él mismo en él mismo.

Lo que hay de fabuloso en todo el sentido de la palabra es que Amelineau sustituye al escriba para explicar su significado particular para nada adaptado a los textos agrados.

> Observamos aquí simplemente el modo en el que autor había concebido la aparición de los dos primeros dioses. Ra, habiéndose mutilado él mismo, de su hemorragia nacieron dos dioses, Hou y Sau, que lo seguían en su barca, es decir, el elimento físico y el alimento moral, porque la explicación a pesar de ser muy antigua no parece por ello peor. Esta manera de

operar cuadra bastante bien con lo que sabemos: que Ra se masturbó y de este placer en solitario surgió la primera pareja divina. Basta con que lo admitamos para que la identidad sea completa, que el placer fuese hasta la efusión de sangre. Además quiero hacer observar que el autor juega con las palabras del versículo que significan: son en la continuación. De hecho, los dos dioses, Hou y Sau, están indistintamente tanto en la proa como en la popa de la barca solar, es decir, que cuando el sol naciente está a punto de salir de la montaña solar oriental, al contrario que durante la navegación nocturna, el dios Sau es el único en la proa de la barca para recitar delante los encatamientos necesarios.

Mejor que comentar con amargura la depresión que nos puede dar al leer esta pluma, volvamos al Generador que es el Primogénito de Amenta.

14.º versículo: (fin de la línea 59)

59 – Yo soy el Primogénito de Dios sobre la Tierra,

60 – que guía a los Menores bajo el horizonte. EXPLICACIÓN: Estos hijos han derramado su sangre con valentía

61 – para su Jefe Supremo, el Generador que luchaba contra los Rebeldes del Sol, esos que deseaban la supremacía idólatra.

62 – Ellos han sido vencidos antes de poder elevarse para conseguir al fin llegar a los Bienaventurados Redimidos

63 – lejos del globo solar. Ahí ellos encontraron el Conocimiento en lo alto de los cielos, como Redimidos de la Destrucción.

64 – Este Decreto consiguió la unión de los Dos Interesados.

Versículo decimocuarto:
Yo soy el Primogénito de Dios sobre la Tierra, que guía a los Menores bajo el horizonte. EXPLICACIÓN: Estos hijos han derramado su sangre con valentía para su Jefe Supremo, el Generador que luchaba contra los Rebeldes del Sol, esos que deseaban la supremacía idólatra. Ellos han sido vencidos antes de poder elevarse para conseguir al fin llegar a los Bienaventurados Redimidos lejos del globo solar. Ahí ellos encontraron el Conocimiento en lo alto de los cielos, como Redimidos de la Destrucción. Este Decreto consiguió la unión de los Dos Interesados.

Es fácil seguir a partir de ahora el desarrollo cronológico de la introducción de los mandamientos divinos gracias a la escritura y después al verbo. De esta forma se despierta el interés tanto como la obediencia hacia los que están encargados de hacer respetar la ley divina instaurada por el hijo primogénito a petición de su Padre.

Por lo que no se trata simplemente de una imagen cuando se hace mención de los justos de los bienaventurados dormidos. Es Dios que llama a sus hijos para que disfruten de la paz eterna y permite a las almas rebeldes a su ley redimirse en la *Sala del Juicio Final*, también es el Creador que castiga a sus infieles llevándoles hacia la morada de la destrucción. Nadie actualmente pensaría negar la escena del juicio final que, entre otras cosas, forma parte del grabado principal de Notre-Dame de París.

Es muy evidente que este nuevo culto al sol instituido por Set, el renegado, producto de un paganismo deliberado, sólo fue introducido y conservado por los Rebeldes del Set o Adoradores del Sol para contrarrestar la real divinidad de Osiris. Por ello, a su vez, los descendientes del primogénito odiaron y combatieron bajo el nombre de Seguidores de Horus a todos esos medios hermanos convertidos, a lo largo de los años, en verdaderos enemigos.

De esta forma, Ra se conservó como divinidad idólatra y Ptah como dios único. Y los griegos, siempre ellos, insistente y deliberadamente acomodaron esta teología antigua en una mitología para su uso exclusivo. El Dios se convirtió en *Hephaistos* incluso en la primera ciudad edificada cuatro milenios antes por Menes, cuyo nombre de Ath-Ka-Ptah fue transformado en Menfis, denominación que mantiene actualmente, sólo Dios sabrá por qué.

Pero de este muy discutible culto no quedó nada después de la invasión de los persas en 525 a.C. No por ello el sol desapareció en el horizonte, y cada uno comprendió que no era un dios. La veneración de la tríada divina, que rodeaba siempre a Osiris, Isis y su hijo Horus, se acentuó en todo el mundo civilizado de la época, al menos hasta el advenimiento de Jesús, tanto en los griegos como en los romanos.

En su notable obra "Paganismo y Judaismo" el profesor Döllinger escribe: Se nombraba la diosa Isis como la Diosa de los diez mil nombres, y ella era en efecto el brillante Proteo, de todos los colores y tomando las más variadas formas. Los griegos la convirtieron en Atenea, Démeter, Perséfone, Tetis, Selene y la podemos encontrar a menudo con una cabeza de gata.

Y a pesar del tiempo transcurrido es fácil establecer una concordancia, ya que sus calificativos se nombran de forma diferente pero tan significativos como los de la Virgen Santa *de los diez mil nombres* y siempre tan única. ¿No se le dice a María: Nuestra Señora de las Nieves, De las Tempestades, De los Mares, del Nacimiento, etcétera?

15.º versículo: (fin de la línea 64)

64 – De este modo escribió Ani, escriba de Osiris,

65 – volviendo a copiar las Palabras emitidas por los propios Redimidos. Ellas son LA LUZ DE LA CREACIÓN, y la Verdad

66 – histórica acerca de los combates que enfrentaron a los Dos Primogénitos en una lucha sangrienta y fraticida. EXPLI-

67 – CACIÓN: La oposición sangrienta y fraticida fue la que llevó al combate a Horus, el Valiente, contra el usurpador

68 – Set. Este odio se inició por una lucha brutal entre los Dos Descendientes, mantenida un largo tiempo

69 – por los Cuatro contra los hijos del Rebelde. Es por lo que los Nacidos Gemelos se destrozaron mutuamente

70 – para poseer la segunda tierra.

> *Versículo décimo quinto:*
> *De este modo escribió Ani, escriba de Osiris, volviendo a copiar las Palabras emitidas por los propios Redimidos. Ellas son LA LUZ DE LA CREACIÓN, y la Verdad histórica acerca de los combates que enfrentaron a los Dos Primogénitos en una lucha sangrienta y fraticida. EXPLICACIÓN: La oposición sangrienta y fraticida fue la que llevó al combate a Horus, el Valiente, contra el usurpador Set. Este odio se inició por una lucha brutal entre los Dos Descendientes, mantenida un largo tiempo por los Cuatro contra los hijos del Rebelde. Es por lo que los Nacidos Gemelos se destrozaron mutuamente para poseer la segunda tierra.*

La discutible interpretación de los nombrados autores no predispone de hecho a esta santa comprensión. Ya que se trata evidentemente de la lucha fraticida entre Ousir y Set, transformados de Ousit y Sit por los griegos y sus descendientes. Se trata de alguna manera de un Antiguo Testamento del Origen que no deja de ser recordado para que los acontecimientos sean imperecederos.

He aquí la versión de de Rougé, que por un momento, se une a la trama de Ani en este versículo en su contexto, ya que el resto del texto permanece en lo más oscuro:

> *Osiris N. realiza el outa cuando clava su mirada en el día del combate de los dos Rehouh.*
> *Él explica: Es el día del combate de Horus contra Set. Set lanzó sus basuras a la cara de Horus. Horus le cogió los testículos. Thot hizo lo mismo de sus dedos.*

El hecho importante que hay que destacar es que el escriba Ani caligrafía en rojo para los lectores LA LUZ DE LA CREACIÓN, totalmente obviada. Y sin embargo, se trata de un punto vital del enunciado de los mandamientos que va a intervenir dentro de poco y que además se ve subrayado para llamar la atención. Esto se vuelve a confirmar por el Ojo (línea 65) que es la clave aritmética y simbólica de la creación, tal como se explica en el capítulo que le es dedicado en el libro *El Gran Cataclismo*. Se trata de un párrafo cosmogónico que interviene poniendo en evidencia la dualidad del jeroglífico de los testículos, que los egiptólogos no pudieron comprender, ya que le atribuyeron unas explicaciones como poco falócratas. Sin embargo, su significado es total y puramente matemático y significa CUATRO. (⊗)

Esto es fácil de comprender: Usir (Osiris) fue el primogénito de cuatro hijos de Geb y Nut, después, a su vez, él fue padre de cuatro hijos, de los cuales Horus, su primogénito, tuvo cuatro hijos que repoblaron el segundo corazón y que combatieron para la paz eterna de las nuevas generaciones.

De esta forma, Usir-el-Resucitado es simbolizado por el falo, el Generador que él fue. Y por los órganos de la vida que son los testículos, la potencia CUATRO. Lo mismo ocurre en esta ideografía matemática, le sigue la estrella de cinco puntas que es el símbolo CINCO, y así sucesivamente. El pueblo entero sabía sin necesidad de cualquier otro dibujo que los testículos significaban el número cuatro y proclamaba a todos los vientos la victoria de los Cuatro y, así, de Dios sobre los Rebeldes que acabó de hecho con la reunión de los Descendientes de los Gemelos.

A propósito de los Gemelos es interesante observar que en la antigua cosmogonía, la jeroglífica daba este grabado que simboliza desde entonces la constelación Géminis en las cartas de las doce constelaciones ecuatoriales egipcias anteriores a la era tolemaica.

No hay duda alguna, pues, que esta figuración recordará la lucha de los Dos Hermanos y de sus descendientes, duró algo más de dos milenios, exactamente el tiempo que duró la retrogradación del sol a lo largo de esta constelación, precesionalmente. Su primer nombre fue Gemelos ya que el sol se mantuvo todo el tiempo que duró la marcha de los dos clanes fraticidas desde Ta Mana, Marruecos, hasta las orillas del Nilo, Ta Merit o Lugar Amado, nombre que era el de Egipto antes que Ath-Ka-Ptah.

De esta forma, el texto de *Isis y Osiris*, de Plutarco, no es más que una justificación de los comentarios escabrosos, como el de De Rougé:

> *Los dos personajes nombrados Rehouh son los dos adversarios que parecen caracterizar el principio bueno y malo. El combate del bien contra el mal acompaña al hombre desde su cuna, es el triunfo de Horus que debe asegurar el final feliz del hombre. Set (el Typhon), el Lucifer egipcio, combate con la basura, símbolo del mal. Horus le arranca los testículos. El Tratado de Isis y Osiris, en el capítulo 55, nos dice que Horus estaba representado en Coptos, teniendo el trofeo de su victoria. Es con la ayuda de Thot que Horus castró a Typhon. Los sacerdotes aseguraban, por supuesto, según su testimonio que Horus no había matado a Typhon, la victoria divina solamente había extraído el principio del mal, de cara a asegurar al bien el poder de triunfar en la lucha que debía durar tanto como el mundo. Nuestra traducción del texto nos da suficiente datos para demostrar que el Tratado de Isis y Osiris comenta fielmente los combates de Horus.*

Probablemente el error se deba a que durante dos milenios se tomó en serio a este pseudo-Plutarco, ya que no sabía nada del idioma egipcio excepto lo que le decían los sacerdotes que hablaban griego. Ello se deformó rápidamente en su espíritu. Debemos añadir simplemente que la ciudad de Coptos, a la que se refiere, podemos encontrar sus ruinas situadas cerca de Dendera y su designación nada tiene que ver, ya que los sacerdotes que hablaban de los éxitos de Osiris contra Set, designaban *Ka-Ptah* o *Corazón de Dios* incluyendo a la vez el corazón de Osiris, de Horus, al igual que Aha-Men-Ptah, el Segundo Corazón: Ath-Ka-Ptah.

He aquí lo que Amelineau, refiriéndose tanto a Plutarco como a de Rougé, expresa. Es bastante difícil de seguir el hilo pero si el lector lo quiere intentar, helo aquí para su información:

> *Los continuos combates que libraron Horus y Set son muy conocidos en detalle: En cada momento los textos místicos de Egipto hacen alusión a ello, pero son muy oscuros. Entre estas alusiones se ve que en un cierto momento Set lanzó sus basuras*

a la cara de Horus y éste le quitó los testículos. Si no fuera más que esto la explicación se daba por si misma, pero la mención del papel que jugó Thot en este momento viene a complicar terriblemente el simple hecho en si mismo. Es verdad que Lepage-Renouf[11] *para salir sano y salvo de esta dificultad situó en su traducción el nombre de Horus en lugar de Thot, ya que no es común que un personaje al que se le haya atribuido arrancar los testículos a su adversario y en la proposición siguiente atribuir este hecho a otro autor.*

---

[11] Se trata de una locución en la página 378 del Book of the Dead, del mismo autor.

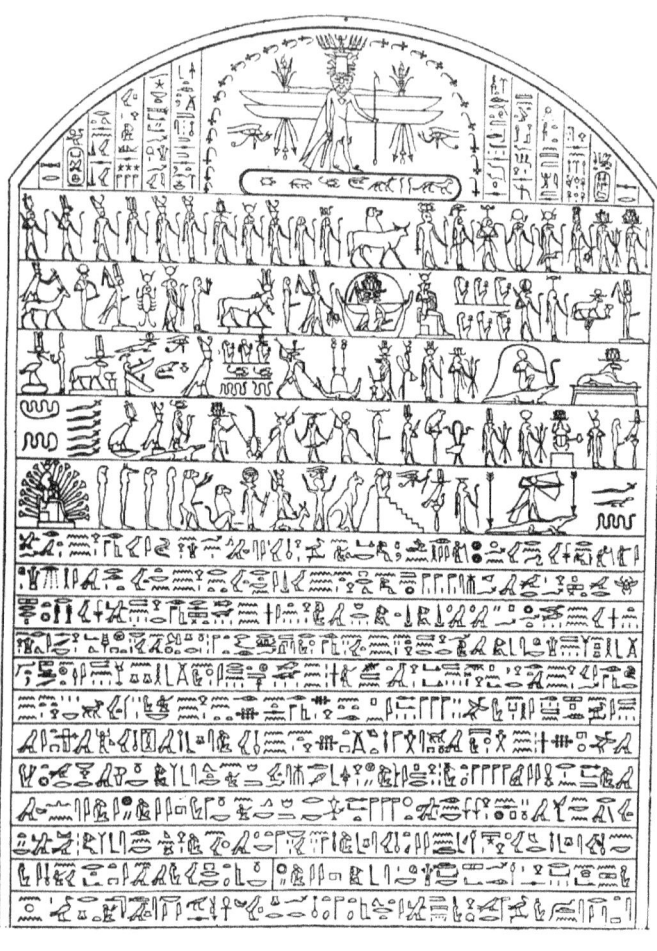

Otra estela, llamada de Metternich, dedicada a los éxitos de Horus contra Set.

Sin embargo, el papel de Thot en la leyenda de los combates que desarrollaron Set y Horus, es eminentemente pacificadora. Es el que se esfuerza en reconciliar los diversos miembros de la familia osiríaca, el tío y su sobrino en primer lugar, la madre y el hijo a continuación. En su papel pone toda su ciencia en las palabras divinas tal y como se traducen normalmente las palabras protectoras de su arte mágico, tal como yo lo traduciría;

al servicio de una buena causa, en primer lugar a favor de Osiris y después a favor de Isis en sus múltiples circunstancias, como la de la recomposición del cadáver de Osiris y su adaptación a un coito post mortem.

Después de la lectura del Gran Cataclismo y del que le sigue, es fácil ver el pozo en el que se han hundido los egiptólogos en general. Mejor seguir con el estudio del texto presente que polemizar sin fin.

16.º versículo: (final de la línea 70)

70 – Yo soy el Señor Único de las Cabelleras en el tiempo del Cataclismo. EXPLICA-

71 – CIÓN: El Ojo de Aha-Men-Ptah ha sido salvado del Sol, después de haber vencido el Egoísmo, a pesar de su ceguera

72 – y su desesperación. Su Parcela Divina ha triunfado del alma de Set, al igual que sobre las Cabelleras Rebeldes

73 – que perdieron de esta forma la Vida Eterna, la Luz y la Paz. OTRA VARIANTE: Desde lo alto de los cielos, Osiris velaba por el Herido.

74 – Desde lo alto de los cielos, él vio el ojo cerrado y el otro que sangraba y reclamaba su venganza contra Set.

Versículo decimosexto:
Yo soy el Señor Único de las Cabelleras en el tiempo del Cataclismo. EXPLICACIÓN: El Ojo de Aha-Men-Ptah ha sido salvado del Sol, después de haber vencido el Egoísmo, a pesar de su ceguera y su desesperación. Su Parcela Divina ha triunfado del alma de Set, al igual que sobre las Cabelleras Rebeldes que perdieron de esta forma la Vida Eterna, la Luz y la Paz. OTRA VARIANTE: Desde lo alto de los cielos, Osiris velaba por el Herido. Desde lo alto de los cielos, él vio el ojo cerrado y el otro que sangraba y reclamaba su venganza contra Set.

Para poder comprender mejor el foso que separa esta traducción de diversas interpretaciones, he aquí la de Pierret al que le debemos un vocabulario jeroglífico muy completo en lo que se refiere a los signos utilizados en la lengua sagrada. Su versión del libro de los muertos fue impresa en París en 1822 y su texto no tiene ninguna limitación, hace un romance de este versículo:

Osiris N. lleva su cabellera sobre el ojo sagrado en la época de los desórdenes celestes.
¿Qué es esto? Es el ojo derecho de Ra en sus desórdenes contra él, cuando lo hizo caminar: Es el hecho de Thot que, disponiendo de su cabellera, le devolvió la vida, la salud y la fuerza sin distensión para su poseedor. Dicho de otro modo: Si su ojo está enfermo, si su segundo ojo llora, entonces Thot lava.

En el tomo 16 del *Journal Asiatique* de 1890, Amelineau, con otra numeración, ya que él se sitúa en el versículo 15, escribe:

Que sea quitada para mí la cabellera en tiempo de huracanes. ¿Qué es eso? Es el ojo derecho de Ra cuando este ojo es víctima del huracán para él (Ra) después de haberlo enviado. Es Thot que ha quitado la cabellera y que lo ha llevado (el ojo) en vida, salud y fuerza sin ninguna debilidad. Otro modo: Es el ojo de Ra en su sufrimiento cuando lloró a su segundo. Y Thot se puso por él (Ra) a hacer que él (ojo) se escupió.

De Rougé fue el primero en publicar un estudio sobre este ritual funerario y su texto lo sitúa en el versículo 18, dice:

> Osiris lleva su cabellera en el outa a la hora de las tempestades. El lo explica: Es el ojo izquierdo de Ra en sus furores contra él. Cuando él los lanzó, Thot levanta su cabellera y lo devuelve a una vida apacible, dulce cuyo poseedor no puede ser debilitado. Dicho de otro modo: Si ocurre que su ojo sufre y llora, es Thot quien los sana.

De Rougé, aquí como en casi todos sus comentarios, no pretende traducir sino que interpreta intuitivamente y sigue escribiendo:

> Si he comprendido bien el sentido de estas difíciles frases que tratan de problemas de todo tipo que vienen a asaltar al hombre durante su vida.

Amelineau, por el contrario lo ve muy diferente y se vuelca hacia una comprensión cosmogónica:

> Ra posee dos ojos, el Sol, ojo izquierdo, Luna ojo derecho. Habiendo perdido el primero ya que el sol desapareció en la montaña occidental, se le considera como muerto, él envió su segundo ojo, el astro de la noche, para alumbrar el viaje del primero en los infiernos, y cuando ese segundo ojo estaba presa del ataque de los enemigos de Ra, cuando las nubes de los huracanes se extendieron frente a él para impedir el éxito del viaje solar, hizo falta que Thot, el poseedor de las palabras protectoras, fuese en auxilio, quitando la cabellera de nubes y devolviendo el ojo, la luna tan viva, sana y fuerte como lo era antes del huracán.

Todos estos autores hablan más o menos del mismo tema alegórico y ficticio acerca del Ojo. El verdadero simbolismo de este Ojo de Horus, que vio asegurado la perennidad por definir la ecuación de la Creación, es mucho más simple. Quizá hubo alguna confusión originada por el hecho de que Osiris y Horus, su hijo, hablan el uno a continuación de otro bajo la pluma del escriba que a menudo mezcla sus voces como aquí.

Horus-el-Valiente fue derrotado en este día cataclísmico ahogándose entre el humo que salía de los nuevos cráteres de los volcanes aparecidos por doquier en el suelo de Aha-Men-Ptah. Él recibió un golpe de lanza que le reventó el ojo izquierdo mientras que un golpe de maza le había cerrado el otro, sangraba, gritaba su desesperación rezando y pidió venganza a su Padre contra Set. Veamos a continuación el desarrollo de esta situación:

17.º versículo: (final de la línea 75)

75 – He derramado lágrimas de sangre por el ojo inválido, bajo el Sol renaciente.

76 – Y el milagro surgió entonces del Diluvio: Las Dos Divinas hicieron brotar la luz de la Luz. IMPORTANTE EXPLI-

77 – CACIÓN: Del Hijo Primogénito nacerán los Menores salidos del Diluvio gracias al nuevo cielo. OTRO MODO: La Imagen

78 – carnal del Primogénito se perpetúa bajo el Sol de un Nuevo Día por el Alma legada al superar

79 – el Diluvio gracias a la intercesión de las Dos Divinas, Luces de la Creación, que resucitó de esta forma en su nieto.

Versículo decimoséptimo:
He derramado lágrimas de sangre por el ojo inválido, bajo el Sol renaciente. Y el milagro surgió entonces del Diluvio: Las Dos Divinas hicieron brotar la luz de la Luz. IMPORTANTE EXPLICACIÓN: Del Hijo Primogénito nacerán los Menores salidos del Diluvio gracias al nuevo cielo. OTRO MODO: La Imagen carnal del Primogénito se perpetúa bajo el Sol de un Nuevo Día por el Alma legada al superar el Diluvio gracias a la intercesión de las Dos Divinas, Luces de la Creación, que resucitó de esta forma en su nieto.

¿Qué dice De Rougé?:

Osiris N. ve este sol nacido ayer sobre el muslo de la veca Mehour, y el outa de Osiris es su outa y viceversa.
Él lo explica: Es el agua del Abyssus celeste.
Dicho de otro modo: Es la imagen del ojo del sol en la mañana de cada día donde él realiza su nacimiento Mehour: es el outa del sol.

Debemos convenir que en estas líneas el sentido primordial del texto se pierde en un increíble embrollo de contrasentidos. Se derrumba bajo tal incoherencia verbal que la erudición de sus autores parece ausente, o mejor dicho, que los escritos parecen haber sido compuestos en otro planeta donde la inteligencia al uso de los humanos sería inexistente.

Otro ejemplo del mismo versículo, revisado y corregido por la imaginación de Amelineau, da lo siguiente:

Que yo vea a Ra naciendo como estaba ayer sobre los muslos de la Gran Planicie, y que el pase, yo paso, y recíprocamente.
¿Qué es eso? Son los abismos del cielo.
Dicho de otro modo: Es la imagen del Ojo de Ra en la mañana de cada día según su nacimiento. En cuanto a la Gran Planicie es el ojo de oujda de Ra.

El comentario que sigue al texto es bastante elaborado, helo aquí:

El sol que nace de los flancos de la vaca, la gran planicie, y el difunto que ruega pasar del seno de la vaca al día, como lo hace Ra, en lugar de llegar a la vida sano y salvo, ya que hay un doble juego de palabras, sino triple, teniendo en cuenta que la acción de pasar a través de los huesos de la vaca madre se denomina oujda, la salud oudja y el ojo del Ra, oudjat. La figura que emplea el autor es muy conocida y muestra que de su tiempo el sistema de exégexis, que consiste en explicar unos hechos físicos por unas interpretaciones medio físicas y místicas, estaba muy de moda. El error de los exégetas modernos, que han querido explicarlo todo a través del sistema de las vacas celestes, vino no de que el sistema fuese preconizado, a pesar de esta prueba de que lo fue, sino de haber querido aplicarlo en todos los casos y de hacer de ello un sistema que no admitía excepción.

La confusión de tales propósitos viene del hecho de que ninguno de estos autores ha querido admitir la verdadera antigüedad de las combinaciones, obtenida por una observación continua del sereno cielo egipcio, sobre todo de este Gran Río Lácteo que valió su nombre de Vaca Celeste convirtiéndose en nuestra Vía Láctea. En efecto, Iset o Isis, recibió ese muy santo nombre después de que Ousir, u Osiris, hubiera sido santificado con el de Toro Celeste el día en que el Sol penetró durante un tiempo muy largo en una constelación cuya configuración general parecía al muslo de un toro.

De ahí, su primordial Jeroglífico  ★

En cuanto a la extrema confusión referente a Hator, de la cual se hizo otra diosa, proviene de la interpretación y no de la traducción de la lengua sagrada. En efecto, HAT-HOR significa Corazón de Hor o Horus. Se trata por supuesto de la madre de Horus, que es Iset, así pues Hator es uno de los diez mil nombres familiares o divinos dependiendo del momento empleado.

Se trata de una sutileza anaglífica con doble e incluso triple sentido, pero diferente a la anunciada por Amelineau.

He aquí la traducción literal del versículo 76:

Y el milagro. El ideograma de la parte trasera del pez simboliza justamente ese milagro con la mano que lo precede y que indica la necesidad.

surgió entonces. Es el verbo surgir en presente inmediato.

del Diluvio. Son evidentemente las tres líneas quebradas de las ondas removias.

Las Dos Divinas. El jeroglífico de la palabra Celeste debajo de la golondrina simboliza la divinidad de los símbolos que siguen que son la Vaca Celeste, Iset, y la Cobra (Nek-Bet) su hermana gemela.

hicieron brotar. Sería mejor "llamaron a la luz" ya que este verbo habla mejor en este contexto.

la luz de la Luz. La explicación se ve por ella misma por los indicativos interiores de las dos llamas.

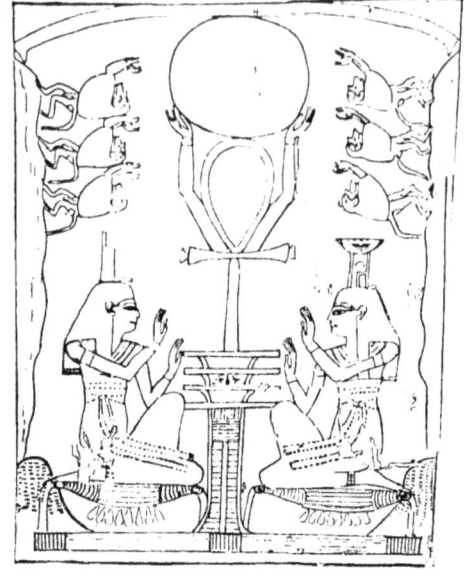

ISET		NEK-BET
(Isis)		(Nephtys)

Les jumelles, ou les « Deux-Divines » intercédant pour que Hor vive sous un Soleil Nouveau.

Las gemelas, o las Dos Divinas, interceden para que Horus viva bajo un Nuevo Sol.

Seguimos nuestro descubrimiento de las Palabras de la Ley:

18.º versículo: (final de la línea 79)

79 – Así habló

80 – el Escriba de Osiris acerca de la obediencia de los Menores a los Mandamientos: Horus es el protegido de la Tríada

EL LIBRO DEL MÁS ALLÁ DE LA VIDA

81 – Divina, bajo los más adorados nombres, pronunciados por el Padre Eterno. EXPLI-

82 – CACIÓN: Señor de la Palabra, Primogénito de las Dos Tierras, Pilar de la Justicia e Hijo de la Verdad

83 – tales son los nombres venerados de los Hijos de la Luz del Reino de los Redimidos, tal como lo deseó Osiris.

84 – Ellos son unos defensores que han unido las antiguas generaciones a las nuevas, para formar una dinastía imperecedera,

85 – tal como había profetizado Nek-Beta la Tríada: "Ellos nacerán fuertes y vivirán sanos"; "ellos volverán a vivir

86 – igualmente por el Espíritu". Así habló la Divina: "Los Menores vivirán en la Gloria, en una infinita multitud".

Versículo decimoctavo:
Así habló el Escriba de Osiris acerca de la obediencia de los Menores a los Mandamientos: Horus es el protegido de la Tríada Divina, bajo los más adorados nombres, pronunciados por el Padre Eterno. EXPLICACIÓN: Señor de la Palabra, Primogénito de las Dos Tierras, Pilar de la Justicia e Hijo de la Verdad tales son los nombres venerados de los Hijos de la Luz del Reino de los Redimidos, tal como lo deseó Osiris. Ellos son unos

defensores que han unido las antiguas generaciones a las nuevas, para formar una dinastía imperecedera, tal como había profetizado Nek-Beta la Tríada: "Ellos nacerán fuertes y vivirán sanos"; "ellos volverán a vivir igualmente por el Espíritu". Así habló la Divina: "Los Menores vivirán en la Gloria, en una infinita multitud".

La seriedad del texto original no admite ninguna duda ya que es de los más perceptibles incluso para el lector menos avisado, pero también es necesaria una explicación completa que permita hacer la concordancia con otros textos. Para conseguirlo vamos a tomar el recorte que más se acerca a la verdad, ya que aquí, otra vez, cada uno se apresuró a cambiar lo escrito por el Escriba, sin respetar su espíritu.

Esto viene de Amelineau:

Porque el escriba Ani de Osiris, justo de voz, es un grande entre los dioses, los que están entre los seguidores del Gavilán, es el que se llama su jefe, el amado de su maestro.
¿Qué es esto? Esto es Mesta, Hapi, Diaoumaoutep y Qebehsennouf.

Aquí se corta de repente la explicación de Ani que había nombrado los "Cuatro" y su nombre de "Hijo de Luz". La azarosa y muy aleatoria fonética de Amelineau es así porque, evidentemente, le era incomprendida.

Esto proviene, sin duda alguna, porque los autores egiptólogos no buscaron ellos mismos el significado de los jeroglíficos. Todos se han servido del libro *Précis* sobre el sistema de escritura de los egipcios, puesto a punto por Champollion partiendo de una base posible pero totalmente errónea. Con esto será suficiente para comprender que se debía volver a un modo de comprensión más racional de la jeroglífica y conseguir un resultado sensato.

Esto es lo que se ha hecho, y la traducción de este capítulo XVII lo demuestra ampliamente. La realidad histórica se ha restablecido en sus fundamentos sin discusión posible. Las narraciones descritas a lo largo del ritual de acceso al más allá de la vida están representadas con el modo de uso de la XVIII dinastía, en la que vivía el escriba Ani.

Es fácil comprender que este erudito de un templo dedicado a Osiris, no podía escribir ni deformar los textos antiguos y aún menos la parte teológica monoteísta que seguramente conocía de memoria. Como mucho hubiera modificado el color de la caligrafía, si había estimado llamar la atención de un lector determinado con poco conocimiento o de un futuro aspirante de alguna remota generación. Quizá así podamos comprender otras variantes, algunas grabadas en los textos de la pirámide de Unas, por ejemplo, de la V dinastía, o sea, más de un milenio antes de Ani. Parece evidente que el origen de la tradición para respetar la ley divina se ha conservado y transmitido a través de los años, milenios tras milenios, en su más pura forma.

Los "Cuatro" a los que nos hemos referido anteriormente con el simbolismo gráfico de los testículos, se encuentran aquí con los nombres que les fueron atribuidos por el mismo Osiris, y que tienen un sentido muy preciso: el que está escrito en este versículo y que además será aún mejor expresado por el propio escriba más adelante. Y con el "simbolismo de los Números" es innegable que penetramos desde ahora en el más secreto y elaborado terreno de esta teología.

19.° versículo: (fin de la línea 86)

86 – Las Siete Almas

87 – que influyen a los Maestros de los Retornados de la Esfera Celeste, sacaron el Gran Anepu fuera de

88 – su Morada Divina para que espante, por un día, a los Jefes de los clanes enemigos. EXPLI-

89 – CACIÓN: Los Menores de los Gemelos, opuestos más allá de la Paz del reino de las sombras, bajo la influencia de Set,

90 – dejaron el lugar del Poniente.

> *Versículo decimonoveno:*
> *Las Siete Almas que influyen a los Maestros de los Retornados de la Esfera Celeste, sacaron el Gran Anepu fuera de su Morada Divina para que espante, por un día, a los Jefes de los clanes enemigos. EXPLICACIÓN: Los Menores de los Gemelos, opuestos más allá de la Paz del reino de las sombras, bajo la influencia de Set, dejaron el lugar del Poniente en el odio.*

El desarrollo espitolar de los Anales del Inicio se determina siguiendo su curso normal. El escriba Ani no tiene dificultad alguna en copiar los textos de diferentes orígenes conoce manifiestamente la Teodicea, esta ciencia divina en su esencia, y su compilación nos permite avanzar en la lectura con toda tranquilidad.

Anepu es, evidentemente, el Anubis de los griegos, el que por la gracia divina fue el brazo humano que permitió la resurrección de Osiris. Anepu es el nombre iniciático que recibió este gran sacerdote en el momento de su entronización. Significa Sacerdote (*An-*) de los Dieciséis Signos (*E-Pou*), es muy representativo ya que esta denominación lo pone de cara al poder divino, capaz de permitir momentáneamente el retorno a la vida terrestre.

En este momento necesitaría un volumen de varios centenares de páginas para poder explicar lo más correctamente posible el significado del poder de los Dieciséis Signos. De esta potencia terrible se origina el reino de las siete almas, porque juntas controlan la parte inhumana del saber eterno. Son necesarios siete sabios, por ejemplo, para poder gobernar.

Aquí, otra vez, los helenos han plagiado el conocimiento egipcio para que las fuerzas no desvíen el sentido actual de la rotación de la tierra, que propaga los influjos del bien. Estos nos llegan por medio del funcionamiento primitivo y único del universo: el que conduce al bien de la vida eterna, cuya única vía es la obediencia a la ley del creador a través de sus mandamientos.

Estamos lejos de las interpretaciones de los autores anteriormente citados y que tuvieron mucho éxito. Amelineau traduce este versículo como un largo panfleto de veintitrés líneas ya que reúne sin motivo tres párrafos completos. De Rougé escribió dos párrafos y medio y no citaremos más que la parte que corresponde a nuestro texto para mantener un criterio sensato. He aquí el de De Rougé:

> *Concédame cuando llegue cerca de usted, la destrucción de las manchas que conservo, tal y como lo hizo para los siete espíritus que siguen a su señor, el dios Sapi. Es Anubis que fijó su lugar en este día de "venir a nosotros".*
> *Él lo explica: Los dioses, señores del país de la doble justicia, son Thot con Astes, señor del Amenti.*

El comentario que le sigue incluye toda la parte que se interpreta y que sería inútil interpretar, porque sus suposiciones son risibles. Citemos únicamente este breve extracto significativo:

> *Hasta ahora no se conoce bien el personaje de Astes, el señor de Amenti, un lugar importante le era concedido en las escenas funerarias, ya que figura en el mismo rango que Thot y Anubis.*

Sin embargo, la lectura de los jeroglíficos en este lugar del texto, justamente debe hacerse en sentido contrario. Así, en la fonetización tan arbitraria usada por los egiptólogos no se hubiera leído *Astes*, sino *SA-SET*. Este nombre fue traducido además por AMSET correspondiente al nombre de uno de los Cuatro, que se nombró en algunos versículos anteriores, y como se nombra en el siguiente.

Si esta alfabetización sigue siendo hipotética, no es menos cierta porque la figuración grabada lo demuestra, este nombre de Amset fue intencionadamente dado a Uno de los Cuatro. Y significa descendiente de Set, estaba destinado a recordar a todos que las generaciones de los dos primogénitos tuvieron la misma madre: Nut, y todos ellos eran hermanos e iguales ante Dios.

Si volvemos a Amelineau que basa su trabajo en las antiguas traducciones como en De Rougé, leemos:

> *Cóncedame que llegue hasta usted, destroce los males que son mis compañeros, como lo hizo para esos siete Khous que siguen a su maestro Sepa, porque es Anubis el que le hizo un sitio en este día de "ven aquí hacia mí".*
> *¿Qué es eso? En cuanto a estos maestros de la verdad, es Thot con Astes-ah, Maestro de Amenti.*

Nosotros no vamos a comentar sobre ello y aún menos cuando al final de los veintitrés renglones, Amelineau concluye:

> *Los nombres de los siete Khous por el momento me parecen intraducibles, aún más cuando los antiguos sarcófagos me demuestran que se deben cortar los nombres de los genios de manera diferente a la que he realizado siguiendo el texto de Ani.*

Esta profesión de fe, verdaderamente salida del corazón, demuestra lo poco real de todo el trabajo. Además, en la continuación de este versículo aparecen los nombres de lo que él llama los siete Khous, y donde uno de ellos es denominado Mesta que es el nuevo Amset en esta pronunciación reestablecida de forma correcta, volveremos a ello más adelante.

Lo que no debemos olvidar, en descargo de estos autores, es que los textos de los antiguos sarcófagos, como los que fueron grabados en la pirámide de Unas, corresponden a la IV y V dinastías y son más de dos mil años más antiguos que la escritura del Papiro de Ani, e incluso los primeros documentos conocidos no son más que copias de otros, mucho más antiguos.

Lo que equivale a decir que un historiador de nuestra época que desee recopilar lo más honradamente posible para el uso de las futuras generaciones el relato de la vida y muerta de Jesús, el Cristo, se vería en una situación análoga a la de Ani, que compulsaba múltiples documentos, más o menos contradictorios o apócrifos, que sólo estuvieron a su disposición dos mil años más tarde. Esto nos permite abordar la continuación que empieza por una inscripción en rojo:

20.º versículo: (fin de la línea 90).

90 – De esta manera, LAS LUCES DEL DESCENDIENTE DEL PRIMOGÉNITO, Osiris, el Señor de la Palabra,

91 – el Primogénito de las DosTierras, el Pilar de la Justicia y el Hijo de la Verdad, consiguen a través de sus Menores,

92 – a la Tierra del Tiempo Previsto bajo la Constelación de Tauro, TAN ESPERADA POR LOS GUÍAS QUE HABÍAN QUITADO DE

93 – SU CONOCIMIENTO, todos los edictos venenosos de sus Ancestros. Ellos caminaron de este modo al encuentro de la Divina

94 – Profetisa venida del Diluvio con su hermana, para esperar en el lugar prometido a los Hijos de las nuevas generaciones

95 – viniendo del Occidente. OTRA VARIANTE: DESDE LO ALTO DE LOS CIELOS, LOS CORAZONES VUELAN, dice Ani, en buenos espíritus de Geb.

96 – Y los corazones nacidos del Corazón Primogénito emprenden el vuelo hacia los pioneros, protegidos por las Guardianas Divinas.

> *Versículo vigésimo:*
> *De esta manera, LAS LUCES DEL DESCENDIENTE DEL PRIMOGÉNITO, Osiris, el Señor de la Palabra, el Primogénito de las DosTierras, el Pilar de la Justicia y el Hijo de la Verdad, consiguen a través de sus Menores, a la Tierra del Tiempo Previsto bajo la Constelación de Tauro, TAN ESPERADA POR LOS GUÍAS QUE HABÍAN QUITADO DE SU CONOCIMIENTO, todos los edictos venenosos de sus Ancestros. Ellos caminaron de este modo al encuentro de la Divina Profetisa venida del Diluvio con su hermana, para esperar en el lugar prometido a los Hijos de las nuevas generaciones viniendo del Occidente. OTRA VARIANTE: DESDE LO ALTO DE LOS CIELOS, LOS CORAZONES VUELAN, dice Ani, en buenos espíritus de Geb. Y los corazones nacidos del Corazón Primogénito emprenden el vuelo hacia los pioneros, protegidos por las Guardianas Divinas.*

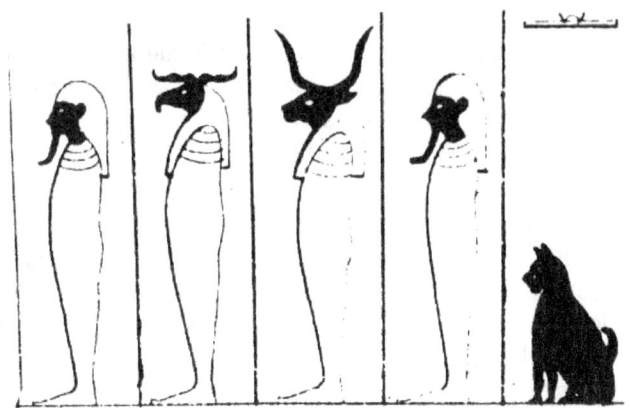

"Iset vigila sobre los Cuatro antes de supervisar en la Paz la multitud que nació para poblar la Tierra".

Veamos lo que dice De Rougé de esta parte del texto, ya que la de Amelineau es idéntica a la suya:

> Los príncipes situados detrás de Osiris son: Amset, Hapi, Tiaumoutew, Kerahsenew. Ellos son los que están detrás de la constelación del Muslo del cielo del norte. Son los que limpian los pecados cerca de Hotepschous, son los cocodrilos en las aguas. Hotepschous es el ojo del sol.
> Dicho de otro modo: Es la llama que acompaña a Osiris para quemar las almas de sus enemigos.

Para no pararnos en las múltiples contradicciones en casi cada palabra, tomemos una diferencia esencial sobre la interpretación jeroglífica incluso a los ojos de un profano. La verdadera traducción da por evidente la constelación de Tauro, mientras de Rougé adoptó el término de constelación del Muslo, que es el nombre actual que se le da a la Osa Mayor. De dónde viene esta interferencia que falsea totalmente el sentido del texto, ya que es bajo esta constelación que se vieron protegidos los rescatados del Gran Cataclismo en su exhausta marcha hacia el Segundo Corazón a lo largo del inmenso y ardiente desierto.

La explicación es muy simple y se encuentra definido en los ritos que se deben observar el día de la *Fiesta de la Resurrección*, la de

Osiris evidentemente. Tal y como está escrita en el *Gran Cataclismo*, Osiris justo en el momento de su muerte, cuando fue asesinado, fue envuelto por Set en una piel de toro, para que su alma, esa parcela divina, se mantuviese prisionera en la piel sin poder escapar y muriese pudriéndose con el cuerpo, la envoltura carnal.

Fue Set en persona el que dio el golpe mortal en el momento en que se inició el Cataclismo. La piel de toro servía de cortina en el lugar en el que se perpetró el crimen y sirvió para encarcelar el cuerpo. Pero después de la peregrinación de los supervivientes y de una ferviente oración de Iset y Nek-Bet, Osiris pudo salir de la piel recuperando su salud días más tarde.

Cinco milenios más tarde este acontecimiento fue conmemorado en el día bendito de la resurrección de Osiris. Desde entonces, en cada cumpleaños, se mataba un toro y antes de despiezarlo, dos grandes sacerdotes purificados, cortaban las cuatro patas de forma que la piel tuviese el mismo aspecto que la original, conservaban uno de los muslos del toro de manera que no se descompusiera hasta llegar el día del renacimiento.

Como esta fiesta tenía lugar el día en el que el sol entraba en esta constelación característica, tomó en ese momento el nombre de la constelación del *Muslo*, el nombre de *Tauro* viene de la apelación griega a pesar de que el jeroglífico sea el muslo del animal. Pero para los que vivían en aquella época el ideograma significaba un símbolo vivo presente en todos los espíritus, el de la verdadera resurrección de Osiris gracias a la acción divina a través de la preservación por la piel de toro.

En cuanto a la palabra Hotepeschous, del texto de De Rougé, asignado a los cocodrilos representados por los jeroglíficos de la cobra y los dos que están a su izquierda en la línea 93, significando, pues, divina profetisa, es comentado de esta forma por su autor:

> *Hotepeschous es una llama vengadora, un grado de castigo divino, sin embargo esta palabra no implica una sentencia demasiado desfavorable, la primera parte, Hotep, tiene ciertamente el sentido de "ella reconcilia", la segunda, chous, puede entenderse varias formas, "ella golpea" o "ella protege"*

[¡sic!]. El alma humana conoce su suciedad, ella no ruega su inocencia, ella invoca los compañeros de esa diosa para que borre los pecados cometidos desde su nacimiento, alegando que los mismos siete espíritus necesitaron ser purificados para ser admitidos en la sociedad del juez soberano.

Volvamos a nuestra traducción dejando las dos Divinas: Iset y Nekbet, velar por la buena llegada de Osiris a Amenta (a la izquierda de la reproducción de un texto explicativo en jeroglífico celebrando la resurrección de Osiris).

21.º versículo:

97 – Yo, escriba de Osiris, sentado a continuación de mis Antepasados justificados por los dones celestes. Yo mismo

98 – en la Voz Justa, bajo las órdenes de la Divina Profetisa, yo hablo así: LA MULTITUD INFINITA

99 – NACIDA DE LOS SIETE ESPÍRITUS, fue perpetuada por el Señor de la Palabra, el Primogénito de las Dos Tierras, el Pilar de la Justicia y el Hijo de la Verdad, que

𓀀𓃭𓅓𓏏𓊖 𓃀𓊪𓏏 𓅓𓇋𓈖 𓈖𓃭𓅓 𓏏𓉐 𓂋𓏏

100 – recrearon un Reino-único con la ayuda de la Tríada salida de Nut por Horus el Puro y la benevolencia celeste

101 – hacia la descendencia de Set y la de los Seguidores de Osisis y Horus. OTRA VARIANTE: LA PURIFICACIÓN

𓊖𓊪𓏏𓂋𓏏𓉐𓏏𓅓𓅱𓈖𓇋𓈖𓅓𓏏

102 – VENIDA DEL DILUVIO HA SANEADO LA MORADA DE OSIRIS. VARIANTE-BIS: LA MULTITUD INFINITA NACIDA DE LOS SIETE ESPÍRITUS

𓂋𓏏𓇋𓊪𓏏𓇋𓏏𓈖𓏏𓊗𓏏𓉐𓅓𓏏𓊖

103 – por los Dos Hermanos, que se enfrentaron bajos los dos Leones Celestes que separaban los Dos Corazones del Primer Corazón.

Versículo vigésimo primero:

Yo, escriba de Osiris, sentado a continuación de mis Antepasados justificados por los dones celestes. Yo mismo en la Voz Justa, bajo las órdenes de la Divina Profetisa, yo hablo así: LA MULTITUD INFINITA NACIDA DE LOS SIETE ESPÍRITUS, fue perpetuada por el Señor de la Palabra, el Primogénito de las Dos Tierras, el Pilar de la Justicia y el Hijo de la Verdad, que recrearon un Reino-único con la ayuda de la Tríada salida de Nut por Horus el Puro y la benevolencia celeste hacia la descendencia de Set y la de los Seguidores de Osisis y Horus. OTRA VARIANTE: LA PURIFICACIÓN VENIDA DEL DILUVIO HA SANEADO LA MORADA DE OSIRIS. VARIANTE-BIS: LA MULTITUD INFINITA NACIDA DE LOS SIETE ESPÍRITUS por los Dos Hermanos, que se enfrentaron bajos los dos Leones Celestes que separaban los Dos Corazones del Primer Corazón.

Con este versículo veintiuno, a medio camino de la revelación incluida en los cuarenta y dos versículos de esta teología tentirita, aparece el corazón de esta cosmogonía, y no es de ningún modo por azar. Hay cuarenta y dos párrafos en este capítulo, tantos como asesores en la sala del juicio final. Y aquí se habla otra vez de los *Siete* y, sobre todo, de la multitud infinita con una gran reseña del texto escrita en rojo para hacerlo más destacado.

Al final de este comentario daremos la explicación completa, término por término, de este versículo y todo lo referente a la dualidad de los dos leones y corazones.

¿Quiénes son esos siete espíritus? Son las *Siete Errantes*, dicho de otra manera son los planetas de nuestro sistema solar, que reflejan los influjos de las Doce en aquel tiempo: Mercurio, Marte denominada La Roja, Venus, Júpiter, Saturno, la Luna y la Tierra. Estos siete eran los receptores de los influjos de las doce, que se transmiten entre ellos en múltiples "combinaciones geométricas". Por supuesto que sus nombres jeroglíficos eran diferentes, pero es muy fácil situarlos exactamente en el cielo gracias al planisferio de Dendera[12].

Nos situamos en la mitad de esta teología de los orígenes iniciada por el primogénito, es conveniente hablar de ello con más detalle, de modo que la sutileza que aparece en cada línea de este texto capital no deje ninguna letra incomprendida o deformada.

Los *Seis Tiempos de la Creación*, es decir, los seis días que precedieron la entrada de las parcelas divinas en la envoltura carnal del bípedo destinado a ser la criatura de Dios: el Hombre, por asimilación creó los cuarenta y dos aspectos de la vida terrestre a través de las siete errantes, o sea, 6 x 7. Esta es la primera de las combinaciones matemáticas divinas, de la cual deriva inmediatamente la siguiente, que además fue retomada por Pitágoras[13] que recibió ese nombre de gran

---

[12] De este planisferio se realizó un estudio completo en el libro *Y Dios resucitó en Dendera*, Ed. Luciérnaga, 2000, de este mismo autor.

[13] Su verdadero nombre era Mnesarchos, hijo de un tallista de Samos. Cuando acabó su iniciación recibió el nombre de PTAH-GO-RA, o "El que conoce a Dios y al Sol", o sea, al

sacerdote después de once años de iniciación al conocimiento. En él fundó la base de su concepción filosófica. *El tiempo del Hombre* debía durar el *séptimo Tiempo* o día, acabando de esta forma un *decimosexto ciclo*.

Quitando el hecho de que algunos antiguos sabios griegos adoptaron los números pitagóricos para hacer *cuadrados mágicos*, como precisamente el que permite demostrar filosóficamente que el siete es igual al dieciséis. Es patente que entre los Números de Oro se encuentra el número de la Multitud Infinita. El que se ocupa de los dieciséis ciclos ha sido ampliado detalladamente en la ya citada obra *El Gran Cataclismo*.

Ese número es: 0588235294117647 que multiplicado dieciséis veces por si mismo da un total que vuelve siempre con la misma progresión de los dieciséis número de izquierda a derecha. Pero la decimoséptima suma es la que marca el final del *Tiempo del Hombre*, y es: 9999 9999 9999 9999.

Y si usted suma todos los números de UNO a DIECISIETE, el total da el número de CIENTO CINCUENTA Y TRES, que es el número de la multitud infinita, ya que su máximo 17 es el 9999999999999999. El lector recordará la simbología del Evangelio de los 153 peces que son la multitud. ¿Quién está en disposición de negar una segura concordancia entre esta parábola y la jeroglífica de los tiempos más remotos?

La sutileza de esta imaginería se vuelve a encontrar en la línea 103 en la forma en que fueron interpretados los signos ![signos] por los citados autores. El pensamiento de los escribas se comprendía en sí mismo por el grabado significando por la representación de los dos cuchillos apuntando hacia abajo, que se trataba del tiempo de paso en la constelación convertida en la de Leo, y que, en ese momento, aún estaba en el inicio de la nueva salida del

---

Universo. Para más referencias, leer el libro *La extraordinaria vida de Pitágoras*, del mismo autor.

sol, en el momento mismo en el que Set, asesino de su hermano, abatiendo su enorme cuchillo de arriba abajo, desencadenó el gigantesco zafarrancho que hizo bascular el cielo al revés, porque Set mató a Osiris en el momento del Gran Cataclismo terrestre que hizo desaparecer el sol en esta configuración celeste que se llamaba el *Cuchillo*, antes de ser *Leo*.

Se trata de la constelación de Leo antes y después del uso del Cuchillo, en la escritura de la línea 103, vemos los dobles sentidos anaglíficos: los *"Dos Corazones del Corazón Primogénito en los Dos Leones",* pasaje evidentemente intraducible para los pobres egiptólogos que se veían ampliamente superados por esta astronomía. Recuerdo que no debemos olvidar lo que se dijo en la primera página de este estudio: el cuarto delantero del león significaba, bien el comienzo, bien el corazón. Y esto no era por casualidad, ya que la estrella más brillante de esta configuración estelar, convertida en nuestros tiempos es Régulus de Leo, bien visible a simple vista palpita con la regularidad de los latidos de un corazón.

He aquí lo que dice Amelineau:

> *Cuando por seguro a los malos compañeros de Osiris Escriba de las Ofrendas Divinas para todos los dioses, Ani, justo de voz, son los que ha hecho desde que bajó del vientre de su madre.*
> *Cuando por seguro a los siete khous, son: Mesta, Hapi, Diaoumaoutef, Qebehsennouf, Maaatef-ef (el que ve su padre), Qeribaqef (el que está bajo su árbol baq), Horkhentimeriti (Hor, príncipe de dos ojos), que Anubis ha puesto como protectores de la sepultura de Osiris.*
> *Otro modo: Detrás la casa de purificaciones de Osiris.*
> *Otro decir: En cuanto a esos siete khous, son: Nedjehnedjehaqadqad, Anranefbesefkhentihehef, Agheramiounnoutef, Doschermeriti, Amihaitatansoubes, Herperemkhotkhet, Maaemgorehannefemherou.*

Esta escritura es absolutamente idéntica a la del texto de Amelineau, y no hay en realidad comentario alguno que hacer sobre este pase de magia, que consiste en fonetizar una alfabetización que no existe para sacar un texto incomprensible.

Otro punto importante para la comprensión general de conjunto acerca del escriba Ani es que pertenece al templo de Osiris, venerando a Ptah, Dios-Uno. En efecto, dentro de la jerarquía de los escribas de todo Egipto, él pertenece a la segunda clase, es decir, la que daba acceso a todos los libros sagrados, o sea: 𓊖𓏺𓏏𓀀𓏺𓂋𓏺 o: escriba de los libros divinos del conocimiento. La única clase que le era superior era la de los Escribas de la Doble Casa de la Vida, cuya única escuela de Ath-Ka-Ptah estaba en Dendera, y que se escribía en jeroglífico: 𓊖𓏺𓂋𓋹𓂋𓏺 ,estas dos categorías de eruditos de ningún modo deben confundirse con los hierogramáticos 𓊖𓏺𓏏𓏺𓏛 que son los que graban los jeroglíficos.

Los pteroforos 𓊖𓏺𓅢𓏺 son los que escriben los caracteres sagrados sobre los papiros, o los guardianes de los escritos divinos, los que en el escalón más bajo no sabían ni leer los libros que tenían obligación de conservar 𓊖𓏺𓅢𓏺𓏛

Ya que hemos explicado esto, veamos con más detalle este versículo capital con la mentalidad del mismo Ani en el momento de su transcripción, sin olvidar que su título exacto es "Escriba de los Libros Divinos del Conocimiento". No solamente volvía a copiar los papiros raros, carcomidos por los gusanos y en vía de destrucción, sino que además conocía perfectamente todas las sutilezas, así que no es necesario jugar como han hecho todos los autores que intentaron interpretar este capítulo XVII sobre los posibles errores del escriba bajo el pretexto de no comprender los jeroglíficos.

En el texto que vamos a poner a continuación, varios pasajes pequeños no han sido reproducidos ya que se sobreentiende el sentido que les había sido atribuido primitivamente. He aquí esa jeroglífica explicada:

Yo, Escriba de Osiris. La paleta, el tintero y la pluma definen perfectamente el escriba. El ojo de Osiris a la izquierda lo simboliza como "Seguidor de Osiris".

guardian de la Ley Divina

y de los Mandamientos Divinos. Estos dos pasajes se sobreentienden, ya que intervienen a menudo y sobrecargan la lectura.

sentado a continuación de mis Antepasados. El sillón es tradicional y de derecho, las dos plumas simbolizan el alma y su doble en plural.

justificando mis dones. La medida acodada y el otro instrumento significan los dones de Dios por la Palabra.

desde su Morada Celeste. Esta explicación ya se ha dado y no ofrece ninguna dificultad.

Yo hablo de una Vía Justa como mis Antepasados. Esta última parte de la frase iterativa es anulada en esta traducción.

a las órdenes de la Divina Profetisa. Se trata, por supuesto, de Nek-Bet, la gemela de Iset, que tenía el don de la doble vista, simbolizada por el Buitre de ojo penetrante, como teniendo presciencia.

con Sus Palabras. El alma encima de la boca abierta tiene este significado divino.

que vienen de la Casa Eterna. Los símbolos de la Casa del Conocimiento entre la tierra y la palabra forman el tríptico perfecto.

La Multitud de millones de almas. O *infinita*, es el inicio de una larga frase muy importante, bien definida en su concepción incluso si no fue escrita en rojo.

nacida. Ya se ha visto anteriormente y se comprende con el pollo como "salido de".

de los Siete-Espíritus. Los siete palos y el recuerdo del plural que ha concebido la multitud reverberando los influjos de las Doce Constelaciones.

fue perpetuada. Se sobreentiende: Por el Creador que engendró a través de Horus sus 4 hijos, los famosos "Cuatro", de los que ya hemos hablado anteriormente en los primero versículos y que ahora se ven representados por el escriba bajo su apelación Divina.

por el Señor de la Palabra. En efecto, cada nombre se termina por la barbuda efigie de Osiris, lo que confirma la Divinidad. Aquí los jeroglíficos del Alma y de la Palabra toman el título de "Señor".

Primogénito de las Dos Tierras. Aquí las Dos Almas de las Dos Tierras son garantes de la unidad por la estrella de Tauro o de Osiris. Es, pues, el Primogénito de los Cuatro.

* ⸻ *el Pilar de la Justicia*. Los dos pájaros representan los descendientes de las dos etnias, y la imagen del ciego permite a la multitud mantenerse en calma gracias a ese hijo que será el apoyo –el pilar– contra todas las injusticias).

⸻ *el Hijo de la Verdad*. La Pureza y la Luz garantizan la Rectitud a todos los Descendientes de las multitudes. Aquí, la sutileza para mostrar gráficamente que sólo hay una Verdad es la utilización de 3 jeroglíficos similares en el sentido que significan los tres juntos y por separado, el germen de todas las cosas vivientes.

⸻ *recrean*. Más exactamente: "crearon una segunda vez".

⸻ *un Reino-Único*. Más exactamente: el Nuevo Reino bajo la vigilancia de Osiris.

⸻ *con la ayuda de la Tríada*. Más exactamente: Los Descendientes directos.

⸻ *salida de Nut*. Más exactamente: viniendo de la boca de la que se convirtió en la Morada Celeste. (Esclareciendo de forma sencilla el texto).

⸻ *por Hor el Puro*. Es el gavilán de las dos efigies de Osiris y aún sería mejor "Hor, dos veces purificado".

⸻ *y por la benevolencia celeste*. Aquí también se debería decir: "bajo la doble benevolencia y vigilancia de Osiris".

hacia los Descendientes. Se sobreentiende: "De las almas primogénitas".

salidos de Set. El chacal es Set y "salidos", visto anteriormente.

y las de los Seguidores. (Explicado anteriormente).

de Osiris y de Horus. El Padre y el Hijo están indisolublemente ligados en la acción)

OTRA VARIANTE (Explicación igualmente dada).

LA PURIFICACIÓN (Explicación entregada más arriba).

VENIDA DEL DILUVIO (Los 3 signos de agua están bajo el medio globo terrestre).

HA LIMPIADO (Mejor dicho: "ha lavado con la ola").

LA MORADA DE OSIRIS (Véase anteriormente).

VARIANTE BIS. De otro modo: "otra variante de la Palabra".

EL LIBRO DEL MÁS ALLÁ DE LA VIDA

LA MULTITUD INFINITA. Hace referencia a la multitud de millones de almas, (vista anteriormente).

NACIDA DE LOS SIETE ESPÍRITUS (idem).

Por los Dos Hermanos. Osiris y Set, los Dos Hermanos. Aquí el escriba retomó la escritura normal de color negro como si no quisiera poner a Set en el mismo plano que Osiris, asesinado en aquel tiempo.

bajo los Dos Leones celestes. Porque Ani habla aquí del momento en que tuvo lugar el crimen, el Sol estaba en la constelación de Leo, que se convirtió en la del Cuchillo en el momento de la blasfemia y de la muerte.

que separaban. La Palabra está encima del brazo en signo de oposición a cualquier acción.

los Dos Corazones. Mejor dicho, el Corazón Antiguo del Corazón Nuevo.

se han reunido. La ola está sobre la tierra a la izquierda de los dos elementos.

bajo la benevolencia Celeste. Jeroglífico ya explicado.

junto al Corazón Primogénito. De otro modo: del Segundo Nuevo Corazón.

Este versículo ahora se entiende mejor y comprendemos su importancia jeroglífica en lengua sagrada para comprender el nacimiento del monoteísmo. Abramos un paréntesis, veamos por qué la piedra de Roseta con su texto en tres idiomas, también debe ser vista con precaución en la comprensión de los jeroglíficos, en referencia a la interpretación de los cartuchos reales fonetizada por Champollion, y tomada nefastamente bajo forma alfabética por diferentes autores. Ya que parece impensable que los grandes sacerdotes de Ptah hubieran traducido en jeroglíficos un decreto que hacía de un rey extranjero, invasor y usurpador, igual a un Dios.

LA PIEDRA DE ROSETA

Sin embargo, la inscripción de Roseta es sólo anterior en pocos siglos a los más antiguas partes de escritos de los Salmos en copto, por ejemplo. ¿Cómo podríamos atrevernos y adularnos por encontrar en nuestro copto eclesiástico las etimologías de estos nombres de las divinidades egipcias, cuya antigüedad se pierde en los tiempos más remotos?

J.D. AKERBLAD (Filólogo sueco)
Carta sobre la inscripción de Roseta. Estocolmo, 1802

Un punto de historia, y no el menor, debe ser recordado a los lectores curiosos, referente a la piedra de Roseta, la que ha permitido sin contexto el arranque de la egiptología.

Fue el 18 de julio de 1799, mientras el general Kléber aún era comandante en jefe del ejército de Egipto y mientras que el bloqueo de los marineros de Nelson pesaba cada vez más a lo largo de las costas, rodeando el delta del Nilo, cuando se hizo el descubrimiento más extraordinario por los soldados del ejército de Napoleón.

Sobre la orilla Libia de la rama del delta del Nilo llamada "de Roseta", un equipo bajo un sol tórrido se esforzaba en excavar los cimientos para su fortaleza, justo en el emplazamiento de una antigua torre vigía árabe desmantelada. Después de haber superado los groseros cimientos de la construcción sarracena, las palas de los soldados se encontraron con escombros obviamente más antiguos, tanto en la superestructura como en su aspecto. Los propios árabes se sirvieron de ella, que era la base de un templo antiguo con losas de mármol y bloques de basalto, para construir su torre. Muchas de estas piedras estaban cubiertas con fantásticos grabados y caracteres realmente curiosos que parecían una escritura enigmática llamada jeroglífica.

El teniente Bouchard, que dirigía los trabajos en esta sofocante mañana, fue llamado por un soldado excitado ya que su piocha acababa de desenterrar una piedra de basalto, larga, negra y plana, de grano muy fino y literalmente cubierta en una de sus caras por signos, caracteres e imágenes, representando sin duda una pieza interesante. Inmediatamente, el oficial, antiguo alumno politécnico, captó el interés de esta piedra y la limpió en el lugar para verla mejor. Vio tres series de escritura, totalmente diferentes entre si, se dio cuenta que la primera estaba cubierta por los famosos caracteres jeroglíficos, y la última estaba grabada en griego, lengua que él conocía muy bien. Esta Piedra de Roseta se convirtió rápidamente en un elemento culto de lo más sensacionalista encontrado en ese país, ya que el Zodíaco de Dendera la destronará dos años más tarde. Este feliz hallazgo pronto llegó al cuartel general del Cairo acompañado de las siguientes precisiones gracias a la pluma del teniente Bouchard, a las cuales no se puede añadir nada incluso hoy: [14]

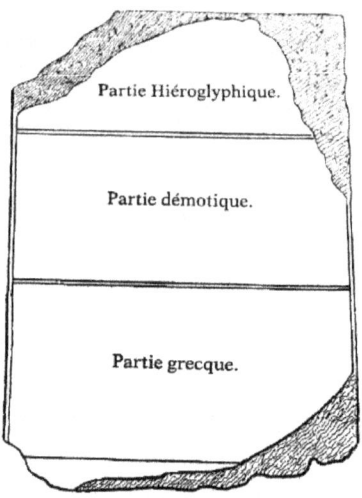

La inscripción superior, en gran parte fracturada, contiene catorce líneas en jeroglífico, cuyas figuras de seis líneas de

---

[14] Texto tomado de: Historia Científica y Militar de la Expedición Francesa en Egipto (tomo IV, página 429 y siguientes.

dimensión, están ordenas en serie de izquierda a derecha, no siguiendo la dirección común a las lenguas de oriente, sino la de nuestras lenguas europeas.

La segunda inscripción, debajo de la parte jeroglífica, es la que menos ha sufrido, está compuesta de treinta y dos líneas de caracteres alfabéticos que siguen el sentido inverso de la inscripción superior y cuyo conjunto nos es desconocido.

La tercera franja, situada inmediatamente bajo las anteriores, es una inscripción griega con caracteres antiguos, que incluye cincuenta y cuatro líneas de las que las últimas están truncadas en un trozo triangular que ha alterado los ángulso inferiores.

Así, cuando esta piedra fue entregada por los especialistas del ejército a los sabios franceses del Instituto del Cairo, que fue una de las creaciones de Bonaparte, ocurrió el delirio por parte de los miembros de la comisión científica, investigadores que lo habían acompañado a Egipto. La *Historia Científica y Militar* lo relata de esta forma en el tomo IV, página 434:

Con la noticia de esta llegada sensacional, cada uno corrió para ver la piedra maravillosa. Todos quisieron analizarla en sus mínimos detalles reproduciéndolos uno a uno. Los sabios que estaban en el Cairo pasaban con ella los días enteros y este examen exhaustivo sólo sirvió para confirmar las altas expectativas depositadas en ella.

Estas esperanzas, al principio fueron colmadas gracias a la traducción de la parte griega que no planteó problema en particular. La piedra daba incluso la historia en un día preciso de los tolomeos, los lágidas cuya ocupación completó el desmembramiento de Egipto.

En efecto, esta piedra encontrada en Roseta, dictaba un decreto firmado por el rey Epífanes, que era hijo de Filópator y Arsinoe. Este futuro faraón nacido el 30 de Mesori, del año 12 del reinado de su padre, o sea, el año 210 antes de nuestra era, se convirtió en igual de Dios.

Epífanes fue nombrado soberano muy joven, ya que sólo entraba en su catorce cumpleaños y únicamente le faltaban pocas semanas para ser decretado adulto y púber, según dicen los Anales. Lo rodeaban tutores para aconsejarlo durante un tiempo con más o menos acierto, ya que la muerte de su padre había desencadenado una revuelta casi general en todo el territorio y muy en particular en la Alta Tebaida, en la región de Dendera, en el mismo lugar donde estaban depositados los papiros relativos al capítulo XVII.

Hasta el año siete de su reinado, cuando alcanzó su mayoría de edad, el joven rey debió hacer frente a esta insurrección abierta, igual que Antíoco guerreó por tierra y mar, aumentando la extrema confusión. Hasta tal punto que Epífanes casi perdió la corona y la vida. Él creía haber encontrado la solución llamando a Grecia en su auxilio y las tropas helenas no tardaron en llegar para restablecer el orden y una realeza que estaba muy comprometida.

De esta forma, los insurgentes fueron sometidos al año siguiente, pero dado que se componían en mayoría del pueblo egipcio, la paz fue encontrada en un baño de sangre. El último bastión de la resistencia al opresor Epífanes fue el de Lycopolis, que también cayó y fue borrado del mapa en tales condiciones de horror y abominación que no se van a relatar aquí. Sin embargo, fue después de esta espantosa matanza que Epífanes, a su parecer, y sobre la parte griega del decreto, se hizo consagrar faraón, hijo de Dios, según se dice, por el colegio de los grandes sacerdotes reunido en sesión especial. No se trata aquí de disertar sobre la jeroglífica, pero en ningún lugar del texto visible la realeza del "Per-Aha" está indicada.

Epífanes "el Dios-Viviente" (¡sic!) quizá lo aprendió a pesar de todo, porque pocos días después de las fastuosas ceremonias de su entronización, él no demostró su benevolencia o clemencia, sino todo su nuevo poder haciendo ejecutar a los últimos supervivientes de las matanzas de Lycopolis, tratándose de algunos prisioneros aún pudriéndose en oscuros calabozos. Polibio describe sin complejos esta escena de castigo destinada a descargar un gran golpe sobre la cabeza de los impíos cuyo espíritu de revuelta se había afianzado desde hacía mucho tiempo para ser cambiado.

Así pues, ¿los sacerdotes, calificados de impíos y cuyas cabezas no se mantuvieron sobre sus hombros, hubieran denominado a sus verdugos y a su jefe hijos de Dios? No sólo es altamente improbable, sino además impensable que el pontífice haya aceptado grabar tal blasfemia en escritura sagrada después de lo que acababa de pasar.

He aquí lo que dice Polibio [15]:

> *Mientras que Ptolomeo asediaba Lycopolis, algunos sacerdotes egipcios se entregaron a la fe del rey de Egipto. Pero él los trató muy mal, lo que conllevó muchas desavenencias posteriores. Ocurrió más o menos igual que cuando Polícrates, seguidamente, redujo a los rebeldes, porque Athinis, Chousouphos, Pausiras e Itobastos que aún permanecían bajo las dinastías de Egipto fueron a Sais para someterse a la bondad del rey y su fe. Pero Ptolomeo, despreciando toda fe, los hizo arrestar y atar desnudos a unos carros que los arrastraron. Pronto todos ellos también murieron.*

¿Es a ese tolomeo Epífanes al que se le iba a dar por sacramento el título de Rey-Dios? Ningún sacerdote hubiera aceptado grabar ni tan siguiera el título que había llevado Osiris antes que él. Es por lo que el texto en jeroglífico del decreto de la Piedra de Roseta, aparte de la explicación que no se proporciona a la luz del texto griego, es inadmisible por el simple hecho de que sería un sacrilegio y una blasfemia.

Hasta tal punto que durante este largo período de revueltas que existió entre la toma del poder con la coronación y este sacramento, es decir, durante nueve años, no hubo ningún título de pontífice a la cabeza de los sacerdotes. Este sillón, de alguna forma papal, quedó vacante desde que el Archisacerdote Pseren-Ptah había consagrado a Ptolomeo Auletes, el abuelo de Epífanes.

Vemos aquí todo el poder del joven soberano que decidiendo convertirse en dios convocó a los religiosos del país en el templo venerado de Memphis (Ath-Ka-Ptah, o Segundo Corazón de Dios) para celebrar un concilio. Es muy probable que el gran sacerdote de ese lugar hubiese sido nombrado por él mucho antes de que lo nombrase

---

[15] Fragmento N.º 21, 19.

pontífice de Egipto. Es muy evidente que este religioso era devoto de Epífanes, además sólo se conoce su título y no su nombre, por lo que no sería de extrañar que fuese él mismo un extranjero, ya que ningún egipcio se hubiese rebajado a cometer tal herejía después de las atrocidades cometidas por el beneficiario del susodicho decreto.

Una prueba tangible entre muchas otras es la que está escrita en la primera línea del texto demótico, cuya traducción es reconocida como válida por todos, en el que se dice que Ptah es el señor de los años sotíacos. Esto viene a precisar que desde el inicio del texto, la estrella Sotis (Sirio actualmente) cuyo amanecer helíaco determina el año de Ptah, es decir el calendario divino de los egipcios, a pesar de la prohibición que había sido hecha anteriormente por un autoritario decreto de Ptolomeo Evergetes I por juzgarlo impío y bárbaro, estableciendo desde ese momento un ciclo de doce meses de 30 días más cinco días epagómenos.

Conviene, pues, precisar para los lectores interesados la parte griega *in extenso*, porque será debatida en otra obra formando parte de la jeroglífica:

1. *Bajo el reino del joven Epífanes, habiendo recibido el reino de su padre, maestro de las dos coronas, cubierto de gloria, habiendo restablecido el orden en Egipto; piadoso*
2. *hacia los dioses, superior a su adversario, habiendo mejorado la vida de los hombres, maestro de las Triacontaeterides, como el gran Hefesto, rey tanto como el Sol,*
3. *gran rey de las regiones superiores, nacido de los dioses Filopators, aprobado por Hefesto, a quien el Sol dio la victoria, imagen viviente de Zeus, hijo de Helios; Ptolomeo*
4. *siempre vivo, amado de Ptah: En el noveno año, Aetes, hijo de Aetes, siendo padre de Alejandro y de los dioses Soters, y los dioses Adelfos, de los dioses Evergetes y de los dioses Filopators; y*
5. *del dios Epífanes Eucaristos, siendo Athlophore de Berenice Evergetes Pyrrha, hija de Filino, siendo canephore de Arsinoe Aris, hija de Diógenes;*
6. *siendo sacerdotisa de Arsinoe Filopator Irene, hija de Ptolomeo, en el mes de xandique, el 4, y el mes de los egipcios, mechir, el*

18, es decretado por los grandes sacerdotes y los profetas y los que penetran en el santuario para vestir a los
7. dioses pteróforos y los hierogramatas y los demás sacerdotes que habían venido Memphis desde los templos de todo el país, cerca del rey, para el panegírico de la recepción de la
8. coronación de Ptolomeo, siempre vivo, amado de Ptah, dios Epífanes Eucaristos, nacido del rey Ptolomeo y de la reina Arsinoe, dioses Filopators, ha colmado de beneficios los templos y
9. habiéndose reunido en el santuario de Memphis, ellos dijeron: Esperando que el dios Epífanes, siempre vivo querido de Ptah, cuya belleza es la bondad, haga numerosos beneficios a los templos de Egipto y a
10. los que ahí moran y a todos los que están guardados bajo su dominio; y que, siendo dios, hijo de un dios y una diosa, como Horus, hijo de Isis y Osiris, que vengó a su padre; y que, hacia los dioses
11. lleno de una piedad generosa, dedicó a los templos ingresos en dinero y en víveres; soportó grandes gastos para aportar serenidad en Egipto y para restablecer los templos
12. el manifestó con sus fuerzas militares sus sentimientos de humanidad; entre los ingresos públicos y los impuestos establecidos en Egipto, él suprimió algunos y aligeró otros de modo que el pueblo
13. vivió en la felicidad durante su reinado; sobre las sumas debidas al tesoro por los habitantes de Egipto, y las del resto del reino, que eran considerables, hizo una reducción general. En cuanto a los
14. que estaban encarcelados y en proceso desde largo tiempo, los liberó y además ordenó que los ingresos de los templos y contribuciones acordadas cada año, tanto en
15. víveres como en dinero al igual que las partes atribuidas a los dioses bajo su padre, de los viñedos, de los jardines y otras tierras que pertenecían a los dioses,
16. se mantuvieron con el mismo acuerdo. En relación a los sacerdotes, ordenó que no pagasen nada para el suplemento al que estaban obligados bajo el reino de su padre; además liberó los

17. de las tribus sagradas, los de la bajada anual a Alejandría; también ordenó no hacer levas para la marina; los tejidos de hyssu fueron entregados a los templos para el tesoro real,
18. él devolvió los dos tercios; y todo lo que anteriormente estuvo descuidado él lo restableció en un estado decente, cuidando de que todo estuviese en uso de ser realizado para los dioses, fuera ejecutado como
19. convenía. Al mismo tiempo él distribuyó justicia como Hermes, dos veces, grande. Él ordenó además que los que volviesen y fueran gente de guerra, y los otros que
20. habían manifestado sentimientos hostiles en el momento de la revolución, permanecieran en posesión de sus propios bienes. El previno que la caballería, la infantería y la marina fuesen enviados contra los que se habían levantado
21. contra Egipto, tanto por tierra como por mar, soportando grandes gastos en dinero y en víveres para que los templos y los habitantes del país estuviesen seguros,
22. habiendo llegado a Lycopolis, la del nombre de Busiris, ciudad que habíamos tomado y fortificado contra un asedio por unos depósitos de armas y municiones, el espíritu de revuelta se había afianzado desde
23. mucho tiempo entre los impíos que, reunidos en esta ciudad, habían hecho mucho daño a los templos y a los habitantes de Egipto y habiendo formado el sitio de
24. este lugar, lo ha rodeado de barricadas, trincheras de sólidos muros, habiendo tenido el Nilo un gran crecida en el octavo año, como acostumbra a hacerlo, inundando las
25. llanuras, el rey lo contuvo fortificando las bocas del río, para cuyos trabajos gastó sumas no pequeñas, después estableció tropas de caballería e infantería para la guardia
26. de esas bocas, él tomó en poco tiempo la ciudad a viva fuerza y destruyó todos los impíos que ahí estaban, como Phres y Horus, hijo de Isis y Osiris, que se había convertido en maestro en estos mismos
27. lugares, los anteriores revoltosos, en cuanto a los que se pusieron a la cabeza de los rebeldes, y que habían ofendido al país sin respetar los templos, llegándose a Memphis para vengar

28. *a su padre y su propia corona, él los castigó como merecían, en la época en la que se celebraban las ceremonias prescritas para la recepción de su corona, además volvió a ubicar lo que, en*
29. *los templos, era debido al tesoro real hasta el octavo año, una cantidad no pequeña; de igual modo él reestableció el valor de los tejidos de byssus que no habían sido entregados al tesoro real*
30. *y las diferencias, a la vista de la verificación de las que han sido libradas hasta la misma época. Liberó los templos del derecho de artabe por aroure de tierra sagrada, lo mismo*
31. *en cuanto al keramion por aroure de viñedos, hizo muchas donaciones a Apis, a Mnévis y otros animales sagrados de Egipto, siendo más cuidadoso que sus predecesores en lo que se refiere a*
32. *esos animales, y lo que era necesario para sus sepulturas lo dio con nobleza, al igual que las sumas acordadas para el culto particular, incluidos los sacrificios y otras ceremonias prescritas.*
33. *Los privilegios de los templos y Egipto, él los ha mantenido sobre el mismo pie conforme a las leyes, él ha embellecido el Apium con magníficas obras, habiendo gastado para este templo, oro y dinero,*
34. *y numerosas piedras preciosas, una cantidad no pequeña; él ha fundado los templos, ha restaurado a su vez los que necesitaban reparaciones, teniendo para todo lo referente a*
35. *la divinidad, un celo benefactor; después de la nueva información, los más preciados objetos de los templos fueron renovados por él, por lo que en compensación los dioses le han dado salud, victoria y fuerza.*
36. *La corona debe permanecer en él y en sus hijos en toda la duración del tiempo, en buena fortuna. Le pareció conveniente a los sacerdotes de todos los templos del país, que todos los honores rendidos,*
37. *al igual que los de sus padres, dioses Filopator y los de sus ancestros, los dioses Evergetes, y los de los*
38. *dioses Adelphes y Soters, sean de nuevo aumentados grandemente; que se eleve al siempre vivo rey Ptolomeo amado de Ptah, dios Epífanes Eucaristos, una imagen en cada templo en el lugar más aparente*

39. la cual llevará el nombre de "Ptolomeo, el que vengó a Egipto". Y que junto a ella sea situado el dios principal del templo presentándole un arma de victoria, todo ello dispuesto a la moda egipcia.
40. Que los sacerdotes hagan tres veces al día el servicio religioso cerca de estas imágenes, poniéndoles ornamentos sagrados y ejecutando las ceremonias prescritas para los dioses en los panegíricos que se celebran.
41. Que eleven al rey Ptolomeo, dios Epífanes Eucaristos, nacido del rey Ptolomeo y de la reina Arsinoe, dioses Filopator, una estatua de madera además de un edículo dorado en cada uno de los
42. templos; que lo situen en los santuarios con los demás edículos, y que en el momento de los grandes panegíricos donde se realiza la salida de los edículos, el del dios Epífanes Eucaristos
43. salga al mismo tiempo de forma que de edículo se distinga de los otros en el transcurso de los tiempos, que sea cubierto con diez pelucas de oro, delante de las cuales se ubicará un áspid como a las demás pelucas
44. con áspides sobre los otros edículos; en medio de ellas se colocaba aquella llamada Pschent, con la cual el rey se cubrió cuando entró en el templo de Memphis para
45. realizar las ceremonias prescritas para poseer esta realeza divina. Que se ponga junto al tetrágono junto a los basiliscos al lado de la susodicha corona, ocho filacterias sagradas de oro,
46. que son los del rey que ha vuelto a iluminar el país de sur y el país de abajo. Y ya que el 30 de Mesore, día en el cual se celebrará el día del nacimiento del rey, al igual que el 17 de Paophi
47. día en el cual recibió la corona, se han establecido epónimos en los templos, y que son para todos la causa de muchos bienes, se celebrarán en una fiesta y un panegírico en los templos
48. cada mes; que se realicen sacrificios, libaciones y todas las cosas de costumbre, como en las demás panegíricas; y que en los templos, las ofrendas sean dadas a los hombres presentes.
49. Que además se celebre una panegírica y una fiesta para el siempre vivo, amado de Ptah, el rey Ptolomeo, dios Epífanes Eucaristos, cada año y en todos los templos

50. del país, desde el 1º de Thot durante cinco días, durante los cuales los sacerdotes llevarán las coronas y realizarán los sacrificios y todo lo que conviene. Los sacerdotes de cada templo recibirán el nombre
51. de sacerdotes del dios Epífanes Eucaristos, además de los otros nombres de los dioses de los que son portadores, y que consignarán en sus actas oficiales al igual que sobre los sellos de sus manos,
52. el sacerdote del rey: que le sea permitido en particular celebrar la fiesta de elevar el citado edículo y de tenerlo en su casa para realizar las ceremonias prescritas en las fiestas mensuales como
53. anuales, de modo que sea conocido que los egipcios elevan y honran al dios Epífanes Eucaristos como es legal hacerlo, de forma que este decreto esté grabado en una estela de
54. piedra dura en caracteres sagrados, locales y griegos; y situada en cada templo desde el primer, segundo y tercer orden, cerca de la imagen del rey siempre vivo.

Este texto griego, completo, demostrará bastante a los de mi generación que han conocido la ocupación alemana en Francia, lo que una potencia enemiga es capaz de hacer bajo la tapadera de una colaboración. Pero lo más sorprendente en este asunto de la piedra de Roseta es que si fue descubierta por los franceses, inventariada y cuidada por ellos, corona el mejor lugar de la sección de egiptología del Museo Británico de Londres. ¿Cómo fue posible esto? Aquí está lo más sorprendente, el único responsable de esta pérdida es el general francés Menou. Sí, lo acaban de leer bien: MENOU, que en jeroglífico significa *los acostados*. OU es la expresión plural de MENA, el poniente. Con su verdadero nombre, Menou estaba destinado a tumbarse delante de los ingleses.

Antes de retomar el curso de nuestra traducción, acabemos la historia de la Piedra de Roseta por esta anécdota de valentía. El 18 de Brumario del año VIII, es decir el 19 de noviembre de 1799, Bonaparte es llamado a Francia para hacerse nombrar Primer Cónsul. El general Klebert que le sucedió, fue asesinado en el Cairo el 14 de junio de 1800. Fue entonces cuando el general Menou fue nombrado General en Jefe del Ejército de Egipto. Sin embargo, Menou, a pesar de ser francés de pura sangre, no fue menos musulmán y desposó una belleza turca, renegó de su religión para hacerse musulmán. Y en todos sus actos oficiales de Estado Mayor sólo se presentaba con el nombre de Abdallah precediendo al de Menou.

El centenar de sabios que formaban la Comisión Científica de Egipto, que había acompañado a Bonaparte, y había reunido en dos años no sólo una ingente masa de documentos sino, además, cerca de quinientos monumentos de los más preciosos, incluyendo la famosa piedra de Roseta.

Pero estos sabios que habían sido mimados y que se disponían a volver a Francia, se vieron despreciados por Menou que los insultó dándoles el título de bocas inútiles. Además, la flota del almirante Nelson volvió a activar el bloqueo manteniendo al equipo estancado en Alejandría.

El eminente Geoffroy Saint-Hilaire escribió a uno de sus cercanos, respecto a la nominación de Menou:

> *Los pobres sabios franceses fueron llevados a Egipto para que se lea en la historia de Bonaparte una línea más de elogios, y se han visto detenidos para que no se pueda encontrar reproches en la de Klebert. Este pensamiento que no tiene el mérito de la novedad, al menos tiene el de una aplicación verdadera y cotidiana en la vida civil. Nos vemos actualmente acogidos en cualquier lugar por el ridículo y el disfavor. Bonaparte supo contener al ejército hacia nosotros y nos consolaba de los malos tragos diciéndonos que los militares se reían de los sabios pero los estimaban. Hoy nos no queda más que ponernos nuestros abrigos. Y sin embargo, es ahora cuando más merecemos la estima de nuestros conciudadanos, ya que hemos recogido los materiales de la más bella obra que ninguna nación haya emprendido jamás*[16].

---

[16] Este fragmento se ha sacado de *La Historia de la Expedición Francesa en Egipto*, de P. Martón, Ed. 1815.

En efecto, entre los inestimables documentos se encontraban los dibujos y los planos de lo que constituyó ser el más grande conjunto bibliófilo jamás realizado en el mundo. Pero sólo fue por un último empuje de energía digno de los más grandes elogios, y del que no sabemos suficiente, que estos sabios arrancaron literalmente a los ingleses y a riesgo de sus propias vidas, lo que Menou tan generosamente les había acordado. Y, excepto por la piedra de Roseta, Francia puede enorgullecerse de la edición más monumental del mundo realizada por nuestra Imprenta Nacional, de 1808 a 1829, en veintitrés volúmenes para lo que tuvieron que inventar un nuevo formato, jamás retomado desde entonces: el formato "Gran Mundo", la obra completa pesa la menudencia de 514 kilogramos.

Además de esos documentos, cerca de quinientas cajas de un valor igual de inestimable, esperaban el buen hacer de Menou sobre los muelles de Alejandría. Finalmente, Menou capituló frente a Nelson el 31 de agosto de 1801, firmando como venganza contra las "bocas inútiles" un artículo 16 que estipulaba que los sabios franceses debían dejar en manos de los ingleses el fruto de todas sus investigaciones y de los trabajos [17].

Las víctimas del general, totalmente exhaustas, no pudieron más que elevar vehementes protestas pero era demasiado tarde para cambiar cualquier cosa... o casi, pero Geoffroy Saint-Hilaire, otra vez él, decidió in extremis una maniobra desesperada y por supuesto indigna, ya que era una última oportunidad. Se presentó delante del general Hutchinson, comandante de las tropas inglesas, que lo recibió civilmente pero con socarronería según los anales. Lo que actuó como don para desatar la cólera de nuestro sabio que le gritó excedido en lo que se calificó más tarde como robo incalificable:

> *Pues, no, mi general. No entregaremos en vuestras manos el resultado de nuestras investigaciones, si desea ser célebre no será más que expoliándonos de nuestros bienes. Se lo diré de otro modo, el acuerdo que ha concluido con Menou prevé que*

---

[17] Napoleón observó más tarde: Si Menou se hubiera mantenido hasta el 15 de noviembre, todo se habría salvado, incluso su honor.

vuestros soldados entrarán en el puerto de Alejandría pasado mañana, 2 de septiembre. Pues bien, perdido por perdido, lo quemaremos todo, nosotros mismos quemaremos nuestras riquezas sabiamente amasadas, pagaremos con la muerte de casi cien de nosotros, ya que serán irrecuperables para lo Comisión Científica, y podrá disponer de esa forma, de nuestras personas para lo que desee, es inútil proferir amenazas sobre nuestras vidas ya que lo habremos perdido todo menos el honor. Sé que todos mis colegas me apoyan y por ello hablo en su nombre, no dude por un momento de esta resolución. Y ya que la celebridad le importa tanto, lo será de algún modo porque eternamente a los ojos de la historia, que estudiarán nuestros hijos, usted será el que quemó la biblioteca de Alejandría.

Esta amenaza, lejos de ser vana o ridícula, afectó al general inglés que no se quiso ver como el autor de ese desastre de cara al futuro. Encontró su difícil camino llegando a un compromiso honorable con el sabio francés. Autorizó a la Comisión Científica guardar con ella hasta Francia no la enorme colección de monumentos egipcios encontrados a lo largo de sus investigaciones, sino, al menos, la enorme cantidad de documentos acumulados en el transcurso de los trabajos realizados a lo largo de todo el país, es decir, sus notas y dibujos, al igual que sus colecciones personales.

Por fin, salieron de Alejandría el 26 de septiembre de 1801, llevando menos de la cuarta parte de los efectivos preparados. Francia había perdido en esta campaña de Egipto un centenar de sabios de gran fama y los supervivientes, a pesar de ello, traían los elementos necesarios para elaborar lo que se convertiría en: *La Description de l'Egypte*. Los sabios miraban con pena los muelles del puerto, ya que centenares de cajas reventadas yacían dejando entrever las piedras y los monumentos antiguos, reunidos con tanto cuidado y amor científicos para dárselos a la *República Una e Indivisible*, y que ahora iban a ser propiedad de la pérfida albión para su mayor gloria.

Entre otros tesoros, había sarcófagos de oro, innumerables manuscritos árabes y papiros egipcios, dos obeliscos del tiempo del faraón Nectanebo, de espléndido granito negro, sin olvidar la piedra de Roseta, esta última aún está en el museo Británico en la sala de honor de la sección egiptológica, mofándose de los visitantes franceses, ya que la inscripción que tiene es la siguiente: CAPTURED IN EGYPT BY THE BRITISH ARMY, 1801.

De esta forma se resume este punto de historia que valía la pena ser contado a pesar de que no aporte nuevos elementos en cuanto a la interpretación de los jeroglíficos generados por el decreto trilingüe de la piedra de Roseta.

En cuanto al propio texto jeroglífico, las huellas tomadas sobre la misma piedra en 1801, a través de métodos químicos, han permitido a los investigadores estudiar el restablecimiento de los signos, cosa que no fue fácil.

El Instituto Francés del Cairo, creación de Bonaparte, permitió a los sabios de la Comisión Científica restaurar estos catorce renglones del texto. Los lectores interesados podrán reconstruir una versión válida de las frases grabadas, basándose en el significado de todos los caracteres que han sido utilizados en la presente traducción del capítulo XVII:

Es una pena que este texto no sea más que una ínfima parte del total porque no permite ninguna justificación precisa de la lectura, sea cual sea. Además no ha sido encontrada ninguna otra estela portadora de este texto trilingüe a pesar de que se debía haber situado en la entrada de todos los templos de Egipto. Más vale esperar el volumen que le será dedicado para hacerse una idea.

Es necesario conocer un poco de historia sobre este decreto, que no tiene de divino más que la apariencia, para poder comprender que la lengua sagrada no podía ser utilizada para traducir tal documento blasfemo.

Mandamientos para acceder al más allá de la vida terrestre

Haría falta un volumen entero para dar las traducciones de este único Capítulo XVII. Es suficiente aquí dar las más antiguas formas, de las cuales algunas datan de cerca de dos mil años antes de la fecha probable del nacimiento de Moisés.
LEPAGE-RENOUF (Egiptólogo inglés)
The Book of the Dead, ed. 1904

Independientemente del estado imperfecto de la ciencia del descifrado, que forzará al arqueólogo de buena fe a dejar lagunas en su traducción, se debe luchar contra las oscuridades de un estilo cargado a propósito de alusiones y figuras misteriosas.
DE ROUGÉ (Egiptólogo francés)
Estudio sobre el Ritual Funerario, ed. 1861

CAPÍTULO XVII (C)

Volvamos con un espíritu más abierto hacia la comprensión de este capítulo recordando la totalidad del versículo anterior.

21.º versículo:
Yo, escriba de Osiris, sentado a continuación de mis Antepasados justificados por los dones celestes. Yo mismo en la Voz Justa, bajo las órdenes de la Divina Profetisa, yo hablo así: LA MULTITUD INFINITA NACIDA DE LOS SIETE ESPÍRITUS, *fue perpetuada por el Señor de la Palabra, el Primogénito de las Dos Tierras, el Pilar de la Justicia y el Hijo de la Verdad, que recrearon un Reino-único con la ayuda de la Tríada salida de Nut por Horus el Puro y la benevolencia celeste hacia la descendencia de Set y la de los Seguidores de Osisis y Horus.* OTRA VARIANTE: LA PURIFICACIÓN VENIDA DEL DILUVIO HA SANEADO LA MORADA DE OSIRIS. VARIANTE-BIS: LA MULTITUD INFINITA NACIDA DE LOS SIETE ESPÍRITUS *por los Dos Hermanos, que se enfrentaron bajo los dos Leones Celestes que separaban los Dos Corazones del Primer Corazón.*

Sigamos pues con la continuación de este texto teológico:

22.º versículo:

104 – Los Asesores que moran en el cielo bajo el signo solar, ordenado por el Gran Observador, son los Jueces neutros

105 – de las Moradas de los pequeños como de los grandes, desde su aparición a la vida para liberarlos de la Sombra y volver

106 – cerca de los Antepasados. Entonces no reinarán más las perturbaciones terrestres, sino la Paz para los Hijos de la Luz. DE ESTA FORMA VINO AL REINO DE

107 – LA LUZ, LA LUZ NACIDA DE LAS DOS TIERRAS: Horus, el Vengador de su Padre; DE ESTA FORMA CONOCIERON LA PAZ:

108 – Y EL HIJO DEL SOL, Y EL NIÑO DEL PRIMOGÉNITO, bajo la protección de Osiris, Jefe Supremo del Cielo,

109 – bajo la autoridad del cual se unieron las Dos Tierras. Así habla por mi voz el Jefe de Amenta, con corazón victorioso

110 – EXPLICACIÓN: Osiris y su Hijo están entre los Bienaventurados, los Dominantes, que han vuelto a encontrar a los Luminosos,

111 – los elegidos del Primer Corazón: Los que nunca han pecado.

Versículo vigésimo segundo:
Los Asesores que moran en el cielo bajo el signo solar, ordenado por el Gran Observador, son los Jueces neutros de las Moradas de los pequeños y de los grandes, desde su aparición a la vida para liberarlos de la Sombra y volver cerca de los Antepasados. Entonces no reinarán más las perturbaciones terrestres, sino la Paz para los Hijos de la Luz. DE ESTA FORMA VINO AL REINO DE LA LUZ, LA LUZ NACIDA DE LAS DOS TIERRAS: Horus, el Vengador de su Padre; DE ESTA FORMA CONOCIERON LA PAZ: Y EL HIJO DEL SOL, Y EL NIÑO DEL PRIMOGÉNITO, bajo la protección de Osiris, Jefe Supremo del Cielo, bajo la autoridad del cual se unieron las Dos Tierras. Así habla por mi voz el Jefe de Amenta, con corazón victorioso. EXPLICACIÓN: Osiris y su Hijo están entre los Bienaventurados, los Dominantes, que han vuelto a encontrar a los Luminosos, los elegidos del Primer Corazón: Los que nunca han pecado.

En lo que toca a la primera línea del versículo, es decir, el trabajo de los asesores, que son los jueces de las almas terrestres, una explicación es necesaria:

- El Universo es la creación del Creador-Único: Ptah o Dios. Su criatura, el *Hombre*, sólo se ve interesado por un universo, en el que vive y que está perfectamente delimitado incluso recortado como una rebanada del TODO, que es una porción del Cielo.
- El Cielo para el terrestre está encarcelado por doce configuraciones astrales características, que lo encierran

literalmente, a una distancia de unos cien años luz, que forman un ecuador representado por el movimiento del sol que, aparentemente, pasa delante de cada constelación en un año. Es lo que se llama la eclíptica. Esta eclíptica era representada por los egipcios en jeroglífico por una figura hablante: el *Cinturón*.

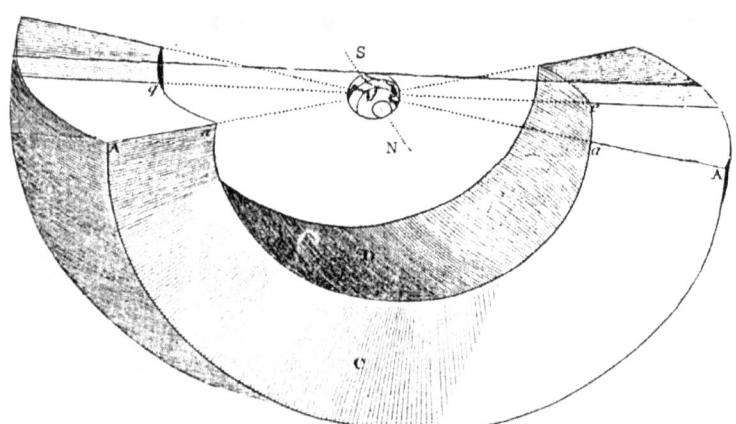

El Sol, "Espejo" de la Tierra.
En el centro del Cinturón de las Doce constelaciones.

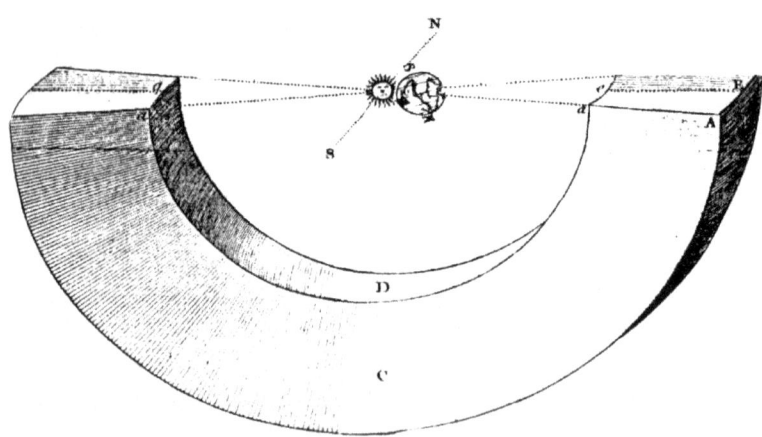

- El cinturón ha sido dividido en doce porciones: las mismas que podían ser dotadas de nombres propios, ya que eran sin duda alguna para los antiguos descendientes del primogénito: las doce divinas.

- Las doce eran, en efecto, consideradas como portadoras de los influjos enviados y diversificados por su interacción a las parcelas divinas, o dicho de otro modo, las almas.

Si a primera vista esto puede parecer aberrante, en realidad no hay ninguna objeción científica a esta posibilidad. En efecto, cuando se sabe que los doce soles de estas constelaciones son gigantescos emisores de radiaciones con sus características particulares (por ejemplo, Régulus de Leo es 18.000 veces más voluminoso que nuestro sol, y todo nuestro sistema solar se vería reducido a cenizas infernales si Régulus estuviera en lugar de nuestro sol) y éstas no tardan más de cien años a la velocidad de la luz para llegar a la tierra.

Es inevitable la existencia de unos lazos interdependientes entre estas conexiones del cielo y las terrestres. Cuando además sabemos también que esta potencia es millones de veces superior a la de los ultravioleta invisibles que, sin embargo, influyen enormemente sobre el comportamiento físico, ¿Por qué no admitir que estas *Doce*, sobre todo mezcladas entre ellas, tengan un impacto diferente y por ello muy importante?

El dibujo anterior demuestra claramente este aspecto a pesar de no estar realizado a escala el grosor del cinturón que envía las radiaciones de las doce, es empresa real, canal tangible que sirve de resonancia a las parcelas divinas.

Los pontífices antiguos enseñaban que en cuanto se cortaba el cordón umbilical del recién nacido, el bebé emitía un grito y lloraba porque su córtex cervical estaba siendo golpeado por primera vez por los influjos de las Doce impregnando una trama que lo predestinaba a vivir según el momento de su nacimiento, tal como Dios lo había decidido. Los 42 entraban entonces en él para afirmar y afinar la personalidad dejando cada Parcela Divina definida, y habiendo recibió un nombre propio.

¿Qué se entiende por los 42? Los *Jueces*, o los *Asesores* tal como se ve en el versículo 22, eran las *6 Errantes* o Planetas: Luna, Marte, Mercurio, Júpiter, Venus, Saturno, que servían de espejo para reflejar y cambiar a Bien (o a Mal) los influjos de las doce uno *por cada día de la semana*, o 6 x 7 = 42. Cada uno era juzgado con justicia según su respeto y obediencia a la ley divina.

En cuanto al sol no estaba incluido en este juego de espejos, ya que únicamente reflejaba el espíritu de Dios, es el único en última instancia para hacer evolucionar para el bien un alma que se haya perdido o esté desamparada. En suma, es el momento "neutro" donde el reposo se ha decidido. Y el sol sigue manteniéndose como maestro último, al cual nos referimos a menudo en nuestro capítulo, lo vemos en este segundo dibujo tan cerca de la tierra.

El detalle de estas combinaciones matemáticas divinas está reproducido en la siguiente página, pero las explicaciones completas serán desarrolladas en su totalidad en la obra que les será dedicada más tarde. Los lectores interesados podrán de este modo iniciar sus estudios si lo desean sobre esta reproducción astronómica y geométrica exacta. De todos modos, era necesario conocer mejor los siete espíritus y los 42 jueces o asesores antes de seguir, para poder comprender mejor la *Letra del Mensaje* de este capítulo, sabiendo que en su extrema sabiduría Dios previó una Armonía entre los movimientos del cielo y de la tierra, entre el Creador y sus criaturas. Conviene pues que la ley de la creación regule por sus mandamientos el entendimiento universal.

Toda esta primera parte del capítulo XVII, que acabará con el próximo versículo, ha sido interpretado bajo forma de un cuento horrible por los comentadores que no han sabido o no quisieron reconocer la verdad: saber que este pueblo con las raíces venidas de una primera patria, ya era un pueblo civilizado hace seis milenios.

Es realmente una pena que el eminente egiptólogo de Rougé no hubiera seguido ningún curso de cosmogonía, o al menos hubiera recorrido un breviario de astronomía; ya que hubiera comprendido que las perífrasis intuitivas que empleó para interpretar lo que representaban los siete espíritus dependían de las claves celestes. En efecto, *el Dios de los ojos rojos* es el planeta Marte, una de las siete Errantes; *el que tiene el rostro en llamas y que viene en retroceso*, es por supuesto el sol en su retrogradación. Pero en este dibujo, está situado arbitrariamente por de Rougé, que se pierde en las denominaciones de los *Siete Espíritus* en su representación a través de los jeroglíficos; *el que tiene el rostro en fuego y navega en retroceso* es otro Sol en el inicio de la línea 107. El sol en este grabado es LA LUZ NACIDA DE LAS DOS TIERRAS.

Es por lo que informaremos otra vez de su interpretación:

> Los siete espíritus son: Netnet, Atat el toro que no recibe el fuego y que vive en su llama, el que llega a su hora, el dios de los ojos rojos, el que tiene el rostro en fuego y viene en retroceso, el que ve en la noche y que trae el día. Son los jefes de Aurutew, la grande, de su padre Osiris. El día viene a nosotros, es el día en el que Osiris ha dicho al Sol: Ven yo lo veo encontrando el Sol en Amenti. Él lo explica: Osiris entra en Tatou, ahí encuentra el alma de Ra, entonces ellos se unen el uno al otro y se convierten en su alma, sus gemelos.

Llegamos al versículo siguiente con una ruptura clara del texto, falta un trozo del papiro de Ani, después de la última línea del presente trozo de papiro, se perdió una página y existe una laguna importante. Esta ha sido completada, felizmente, todo hay que decirlo por Wallis-Budge, el conservador de la sección egiptológica del museo Británico de Londres en 1898. Compulsando diversos manuscritos se dio cuenta que el papiro n.º 14, a pesar de tener un formato diferente, tenía a partir de cierta línea la continuación exacta del texto, como este era del escriba Nebseni, de la misma época de Ani, fue bastante cómodo completar el uno con el otro, cosa que hizo Wallis.

A partir de la décimo sexta línea de esta página, la continuidad se consigue y rellena perfectamente la laguna hasta el folio 16 del papiro de Ani, pero el escriba Nebseni, al contrario de su colega, oficiaba en el delta del Nilo. Él era uno de los escribas adjuntos a la conservación de los planos del arquitecto que vigilaba los trabajos de restauración del templo de Ptah, el lugar religioso más antiguo de la ciudad de Ath-Ka-Ptah, convertida en Menfis dieciocho siglos más tarde por la gracia de un tolomeo y donde Epífanes se hizo nombrar dios tal como se dice en el decreto de la famosa piedra encontrada en Roseta.

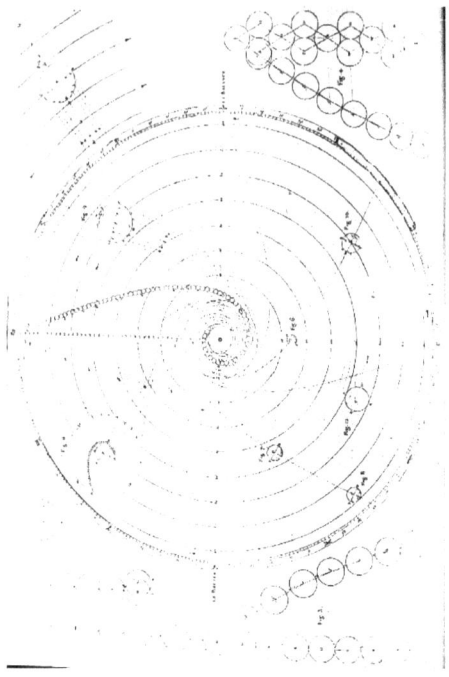

Fuera de la prueba formal presentada por esta traducción literal, el documento de Nebseni está confirmado en cuanto a su valor por un egiptólogo belga, Speelers adjunto al museo del Cincuentenario de Bruselas, disponiendo él mismo de otro papiro que databa de la misma dinastía, el de Nefer-Rempet. La primera página de su documento vuelve a copiar el principio del capítulo XVII justificando la intercalación tomada de Nebseni en su continuación.

Sin embargo, la longitud de las líneas siendo diferentes, la presentación de una parte, cambiará; y algunos signos explicativos utilizados basándose en una concepción típicamente paralela por otra parte, serán igualmente desfasados.

La última línea de esta parte del papiro de Ani, que lleva el número 112, será seguida por la primera de Nebseni, en el lugar donde la otra se acaba, dotada de una pequeña "a" después del número 113, como todas las de esa hoja:

EL LIBRO DEL MÁS ALLÁ DE LA VIDA

23.º versículo (fin de la línea 111):

111 – Los otros, los Rescatados del agua,

112 – esos recomprados por el Corazón-Primogénito a pesar de su iniquidad, harán la alegría de los divinizados.

113ª – ASÍ FUE HECHO: Y los dos clanes salidos de Geb, entraron en su nueva vida,

laguna en el papiro de Any Reemplazada por el papiro de Nebseni

114ª – renacientes bajo la bóveda celeste, por la gracia del Gran Observador. OTRA VARIANTE: la Palabra de Geb guió las almas de estos hijos todo el tiempo de la marcha solar, para que todos sus niños lleguen

115ª – a su remanso de paz, con los descendientes del Guía y de las Dos Divinas. De esta forma llegaron hasta el Lugar de Iluminación, más allá del Sol Naciente.

Versículo vigésimo tercero:

Los otros, los Rescatados del agua, esos recomprados por el Corazón-Primogénito a pesar de su iniquidad, harán la alegría de los divinizados. ASÍ FUE HECHO: Y los dos clanes salidos de Geb, entraron en su nueva vida, renacientes bajo la bóveda celeste, por la gracia del Gran Observador. OTRA VARIANTE: La Palabra de Geb guió las almas de estos hijos todo el tiempo de la marcha solar, para que todos sus niños lleguen a su remanso de paz, con los descendientes del Guía y de las Dos Divinas. De esta forma llegaron hasta el Lugar de Iluminación, más allá del Sol Naciente.

De Rougé explica este pasaje sin preocuparse de la interrupción del texto de Ani y su sustitución por el de Nebseni:

Yo soy un alma en sus dos gemelos.
Él lo explica: Los dos gemelos son Horus, el vengador de su padre, y Hor-W'ent-an.
Dicho de otro modo: El alma en sus dos gemelos es el alma de Ra con el alma de Osiris, es el alma de Schou con el alma de Tewnou: Son las almas que residen en el Tatou.

Es inútil proseguir en esta simbología, ya que si este autor presiente intuitivamente una impalpable luz, no intenta materializarla. Aquí, por ejemplo, a propósito de Tewnou, escribe en su comentario: *Es una diosa con cara de leona, compañera de Schou, cuyas atribuciones son bien conocidas y divididas en una nueva expresión de dualidad divina, dividido en un macho principal y un principio hembra.*

También sería bueno nombrar la interpretación de Amelineau cincuenta años más tarde que de la su eminente colega, menos edulcorada:

Yo, yo soy su alma en el corazón de los dos granos divinos.
¿Qué es eso? Sus dos granos divinos son, Horus, vengador de su padre, con Horus como maestro de sus dos ojos.
Otro decir: En cuanto a esta doble alma divina en el corazón de sus dos granos divinos, es el alma de Ra y es el alma de Osiris; es el alma del que está en Tefnout, es la doble alma que está en Didou.

A continuación le sigue una larga explicación comentada en la que no falta el sentido del humor, ya que en esta interpretación hace hablar a un muerto:

> El difunto vuelve, en este versículo en su primera forma, y afirma que es el alma divina, en el corazón de sus dos semillas divinas o, como nosotros diremos, en medio de sus dos gérmenes divinos. Para comprender el empleo de esta figura tomada de la naturaleza, sólo he tenido que suponer que los egipcios habían conocido en todo grano la presencia de la gémula y la radícula de donde sale la nueva planta. Sin embargo, comparando el ser humano, el que está muerto y el que va a vivir, a la planta que debe morir aparentemente antes de renacer, ya que parece que no podían expresarse de otro modo y que la figura por ella misma se comprende.

La única observación sobre esta exposición de los posibles pensamientos egipcios es que este autor ve aquí otra manera de hablar del escriba, diciendo que en este versículo el difunto [¡sic!] vuelve a una primera forma de escribir. Sin darse cuenta que es otro escriba, Nebseni en lugar de Ani, que vuelve.

Lo que nos lleva de forma natural a preguntarnos sobre el origen Divino de Ousir u Osiris en fonetización griega. El escriba, después de haber demostrado de alguna forma la divinidad por la exposición de los hechos casi milagrosos ocurridos en el Primer Corazón, el Guía de los Dos Corazones, engendrando la multitud, relata la genealogía misma del Hijo de Dios, que, además, ha sido ampliamente contada bajo una forma novelada en el libro *del cataclismo* siguiendo este texto del capítulo XVII y los grabados del templo de Dendera.

He aquí este párrafo esencial:

24.º versículo (fin de la línea 115ª)

115ª – Y el guía dijo: Yo nací de la Gata Sagrada, engendrado bajo el Sicomoro del Recinto.

116ª – por el Germen-Uno venido de Arriba, para que mi divinidad no pueda ser negada. De esta forma yo nací, Primero de una larga cohorte que engendró las Dos Tierras de una multitud infinita. ÉL TAMBIÉN HA DICHO: Yo he nacido de la Gata Sagrada pero también me he convertido en un Hijo del Sol,

117ª – para ser situado entre dos los clanes como mediador. Nacido de la Gata, yo soy el Jefe, el Hijo de la Gata, el Guía Doble, que será eternamente para su madre el pequeño protegido por la Gata. OTRA VARIANTE: Desde lo alto

118ª – de los cielos, su alma voló para planear por encima de los descendientes de Geb, después sobre los seguidores de Osiris. ASÍ, ESTE HIJO FUE ENGENDRADO BAJO EL SICOMORO del Primer cielo, venido de las esferas que regulan los nacimientos de los Menores, mucho más lejos del reino

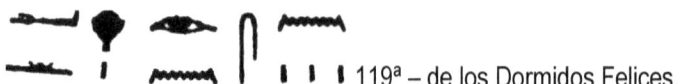 119ª – de los Dormidos Felices.

Versículo vigésimo cuarto:

Y el guía dijo: Yo nací de la Gata Sagrada, engendrado bajo el Sicomoro del Recinto por el Germen-Uno venido de Arriba, para que mi divinidad no pueda ser negada. De esta forma yo nací, Primero de una larga cohorte que engendró las Dos Tierras de una multitud infinita. ÉL TAMBIÉN HA DICHO: Yo he nacido de la Gata Sagrada pero también me he convertido en un Hijo del Sol, para ser situado entre dos los clanes como mediador. Nacido de la Gata, yo soy el Jefe, el Hijo de la Gata, el Guía Doble, que será eternamente para su madre el pequeño protegido por la Gata. OTRA VARIANTE: Desde lo alto de los cielos, su alma voló para planear por encima de los descendientes de Geb, después sobre los seguidores de Osiris. ASÍ, ESTE HIJO FUE ENGENDRADO BAJO EL SICOMORO del Primer cielo, venido de las esferas que regulan los nacimientos de los Menores, mucho más lejos del reino de los Dormidos Felices.

No hay ninguna duda de que el escriba da una de las llaves de la jeroglífica erróneamente calificada de zoólatra. Esta *Gata Sagrada* es simplemente la Madre de Osiris: La reina Nut, que era la esposa de Geb, el último rey de Aha-Men-Ptah, el país hundido (Primer Corazón de Dios).

Es muy simple seguir el desarrollo del espíritu antiguo que concibió la iconografía de sustitución de sus ilustres mayores: el ser humano, siendo una imagen del creador, a su semejanza, era imposible reproducir los trazos del hombre ya que toda similitud con los de Dios estaba prohibida. Era conveniente, pues, sustituir en los textos y en los grabados esta representación figurativa característica, por unos símbolos de igual significado. No hay nada más normal que grabar las cabezas de animales, particularmente bien elegidos en lugar y en la ubicación del rostro humano, de esta forma los lectores no necesitaban explicaciones complementarias para saber de quien se trataba.

En lo que se refiere a la gata, ella siempre tiene la fama de amar a sus pequeños y de jugar con todos ya sean débiles o fuertes; también los defiende encarnizadamente a riesgo de su propia vida si uno de ellos se ve atacado.

Los que han leído el *Gran Cataclismo*, conocen el tremendo drama vivido por la reina Nut que tuvo cuatro hijos, en este orden: Ousir, Ousit, Iset y Nek-Bet, estas dos últimas eran mellizas, pero el primogénito había sido engendrado por Dios el día anterior de su matrimonio, ya que ella había desobedecido la tradición, que estipulaba que sólo un rey o una reina entrase en el recinto sagrado. Ella se había sentado bajo el *Sicomoro*, y Dios se sirvió de esta virgen para hacer nacer su hijo. Este lugar estaba prohibido a todos los mortales, ya que era el lugar donde el Per-Aha, el descendiente del primogénito, dialogaba con su creador: Dios.

Fue tanto por su desobediencia como por su pureza y su infinita piedad, que el Eterno la escogió antes que a ninguna otra, para engendrar en esta tierra el Hijo que salvaría a la humanidad en gran peligro. Pero ello desencadenó también la primera gran cólera de Geb, y a continuación la odiosa venganza de Usit que se sentía como primogénito *legal* del rey, concebido por Geb para ser el sucesor real, el portador de cetro divino. Sin embargo Fue Usir, el primogénito de Nut el que tomó su lugar, de ahí esta lucha épica y fraticida que Nut, en varias ocasiones y a riesgo de su propia vida, intentó detener. Fue por esta rebelión que mantuvo definitivamente el nombre de Sit o Set en griego.

El Sicomoro también forma parte integrante de esta Reina Virgen, engendrada por *la Palabra venida de Arriba* que hizo de ella, en ese mismo momento, una madre herida: una *Gata* cuya inestable camada salida de su único vientre, merecía, por este simple hecho, toda su atención y afecto. Dos documentos importantes relatan con fuertes detalles este pasaje narrado en el versículo que sigue. Se trata del *papiro de Dublín* y del *Papiro de Leyde*, ambos preciosamente conservados en los museos de estas ciudades. Ellos demuestran la autenticidad de los hechos descritos, acompañados además de una imaginería adecuada, estos manuscritos datan de la XI y XII dinastías, anteriores en un buen milenio a los Ani y su colega Nebseni.

Lo notable de esa lejana época, son los escritos jeroglíficos acompañados de dibujos muy emotivos por su sencillez. En estos pasajes, la reina Nut ya estaba representada con la imagen de un felino y sentada bajo un sicomoro, bien en estado de gestación, o entre las ramas del árbol Sagrado, bien sujetando bajo su pata la serpiente que representa el destino del mundo frente al cielo girado sobre el cual está posado Hor, el gavilán, teniendo las almas de los menores a su merced.

La imaginería es tan característica que comprendemos todo el significado simbólico del texto sin necesidad de añadir cualquier otra explicación.

La gata es pues el nombre sagrado y venerado el más afectuoso, que fue dado junto con su nombre real, porque implica el papel delicado de madre torturada por el antagonismo mortal de sus dos hijos. Para la población del segundo corazón, seis mil años después de los acontecimientos, este era el único medio de llegar a las imaginaciones, y volver a recordar los hechos verídicos del primer corazón. Es por lo que si se retira la leyenda, y después la mitología que han cubierto de un velo opaco la historia de esta maravillosa historia, la esencia misma aparece.

Considerando este aspecto de la pregunta, es difícil reprochar a los egiptólogos del siglo pasado las diferentes abominaciones más o menos terribles, ya que era muy difícil encontrar una verdad escondida de tal forma, sobre todo por no estar en el curso de la historia; ellos seguían los dogmas cristianos que sólo conocían el nacimiento de Adán hace cinco milenios y la aparición de la tierra unos siglos antes.

A pesar de que sea repugnante seguir este paralelismo con estos eminentes sabios, conviene citar el versículo de Amelineau para comprender el precipicio que existía entre una escuela imbuida de sus prejuicios y la verdad literal del texto de la teología tentirita representada en parte por este capítulo XVII:

> *Yo soy ese gato cerca del cual fue consagrado el árbol Ashed en On, en esta noche en la cual fueron destruidos los enemigos del maestro al completo.*
> *¿Qué es eso? Es ese gato macho de Ra él mismo, cuando fue dicho Miaou por el decir del dios Sa dirigiéndose a él: Que sea como ello en imagen de lo que ha hecho. Y de ahí le vino su nombre de Miaou [gato].*
> *Otro decir: Es Schou cuando hizo pasar la herencia de Set a Osiris. Cierto, en el acto de consagrar el árbol Ashed cerca de él en On, en que fueron realizados los principios de la revuelta por lo que habían hecho. Cierto, en cuanto a los instrumentos de combate, esa noche, tan pronto habiendo entrado en el cielo oriental, hubo combate en el cielo, sobre la tierra entera.*

El comentario a continuación sigue hablando de las ideas que se hace el autor sobre lo que sus ojos ven, sin realmente fijarse en la imagen, de este modo para el felino, Amelineau dice:

> *Según las viñetas del papiro, el Gato –algunos dicen un león–, está armado con un cuchillo con el que secciona una serpiente enorme, sobre la cabeza de la cual descansa su pata derecha. Está situado frente a un árbol de hojas anchas, lo que viene a demostrar a quien quiera ver [¡sic!] que no se trata de una rotura o fraccionamiento del árbol Ashed. El gato es mencionado aquí por culpa de algunos trazos de su naturaleza que lo lleva, como a algunos perros, a atacar a las serpientes combatiéndolas y matándolas. El árbol Ashed, que aún no hemos podido identificar, es generalmente consagrado al culto de Thot: es muy cierto, creo, que este árbol está conectado con Thot pero no se ve en este versículo que también esté en relación con Ra. Era el*

árbol sagrado de On, Heliópolis, y el árbol de la Virgen de Matarieh, en el lugar de la antigua Heliópolis, debe ser un sucedáneo del árbol sagrado de On.

Este árbol aún mantiene su fonética dicha en jeroglífico, pero el autor no supo ver que se trataba de un sicomoro. Sin embargo, como cualquier otro neófito, Amelineau hubiera podido informarse con los padres jesuitas, cuya honorable compañía posee aún en Egipto la propiedad de Matarieh, cerca del Cairo. Ahí aún se encuentran los vestigios de este *árbol*, aún sagrado actualmente, que fue un sicomoro. Y los buenos padres saben, según sus archivos, que este patriarca desecado no era más que un tallo del verdadero sicomoro del origen mismo del de la tradición. Ya que ocho milenios antes, el milagro se había realizado bajo el árbol *Asched*, cerca de cada templo del segundo corazón, los sicomoros eran plantados para complacer a la divinidad y permitir el diálogo del gran sacerdote o del faraón con Dios.

Amelineau tiene un concepto muy personal y primario tanto del árbol Asched como del Miaou [¡sic!]. Sigue escribiendo en el comentario de este versículo:

Lo que parecería absurdo bajo cualquier otra pluma de la de un escriba egipcio, no lo es, aunque jamás el gato fuera comparado a Ra por algunas partes, no creo a nadie, y jamás el nombre de esta pretendida creación ha sido sacado del gato.

Sin embargo, si estas palabras nos parecen hoy absurdas, ¿Por qué prestar esta incongruencia a un autor egipcio? Hubiese sido más leal reconocer que no hemos comprendido el sentido de la frase.

Lo que no impide que, con los miles de años transcurridos durante el éxodo que impulsó a los recatados del primer corazón hacia el segundo corazón, un tipo de mitología legendaria unió en primer lugar a Iset con su madre Nut para no ser más que una diosa de este cielo girado antes de sustituirla en varias tradiciones. Fue por lo que Iset se convirtió, a su vez, en la *Gata Sagrada*, en lugar de su madre, ya que estaba más presente en los espíritus. Y ella también tuvo cuatro hijos, donde Hor sigue siendo el primogénito, el *Puro*, el *Vengador de su Padre*.

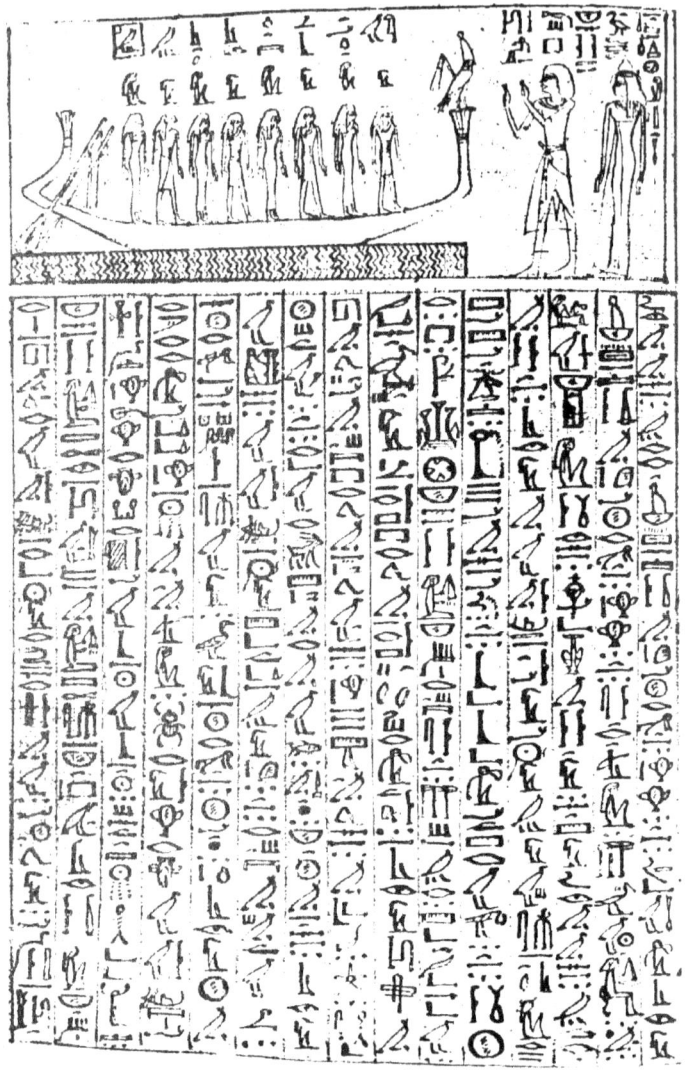

Hoja del papiro de Nebseni (18 dinastía)

Toda esta tradición histórica, cronológica de los *Anales del Inicio* encuentra su origen en unos tiempos tan remotos que parece, en definitiva, un milagro su conservación. Qué decir, por ejemplo, de nuestra historia francesa desde 1610, desde el asesinato de Enrique IV, el número de reyes, emperadores y todos los presidentes de las cinco repúblicas que gobernaron nuestro país es tal que si aún hoy podemos encontrarlos, qué quedará de exacto dentro de dos milenios ¿Y después de cinco?

Volvamos al estudio con lo que De Rougé escribió:

> *Yo soy ese gran gato que se adentró en la arboleda del Persea en An (Heliópolis) en la noche de gran combate, el que ha guardado a los impíos en el día en el que los enemigos del señor universal han sido aplastados.*
> *Él lo explica: El gran gato de la arboleda del Persea en An es el mismo Ra. Se le denominó gato con palabras alegóricas; ya que según lo que se le hizo, se ledió el nombre de gato.*
> *Dicho de otro modo: Es Schou cuando hizo...*

Aquí, sabiamente, de Rougé no buscó llenar con aberraciones un texto que no comprendía, además empieza su comentario diciendo:

> *El simbolismo del gato no está claro en esta glosa, sabemos que el egipcio, para dar cualquier valor a su oración, hablaba a menudo al nombre de un dios con el que se identificaba. Después de haber invocado a los asesores del juez, y haber rogado el olvido de sus pecados, Osiris, para dar más autoridad a sus palabras, nombra a la divinidad a la cual pretende asimilarse.*
> *Son: 1.º el dios con doble cara o el alma en dos gemelos.*
> *2.º la luz purificadora bajo el emblema del gato, el vencedor del mal.*

Volvamos a la continuación del texto de Nebseni:

25.º versículo (fin de la línea 119ª)

119ª – ASÍ FUE REUNIDA la doble cohorte de los Menores combatientes, los de Oriente llegados al Segundo Corazón que pacificaron el mundo según la Palabra Divina, repoblándolo

120ª – bajo un sol radiante que brilla sobre el nuevo horizonte, en el país de la Alianza, donde están iluminados los Hijos del Doble-Entendimiento. Que este segundo León proteja la navegación solar encima de sus cabezas hasta su regreso a la tierra de los Antepasados.

121ª – Que insufle también sobre la Doble Morada, las Fuentes de Vida a los nuevos corazones. Que el cielo renaciente transmita el influjo divino a los corazones de los Menores de las Dos Tierras hasta el día del Juicio.

122ª – Que determine con equidad, antes de sus transformaciones, los que llegarán a los cielos con los Justificados, y los que irán abajo con los Juzgados, porque la Balanza pesa las Almas soberanamente. Esta EXPLICACIÓN emana sólo del Hijo.

Versículo vigésimo quinto:
ASÍ FUE REUNIDA la doble cohorte de los Menores combatientes, los de Oriente llegados al Segundo Corazón que pacificaron el mundo según la Palabra Divina, repoblándolo bajo un sol radiante que brilla sobre el nuevo horizonte, en el país de

la Alianza, donde están iluminados los Hijos del Doble-Entendimiento. Que este segundo León proteja la navegación solar encima de sus cabezas hasta su regreso a la tierra de los Antepasados. Que insufle también sobre la Doble Morada, las Fuentes de Vida a los nuevos corazones. Que el cielo renaciente transmita el influjo divino a los corazones de los Menores de las Dos Tierras hasta el día del Juicio. Que determine con equidad, antes de sus transformaciones, los que llegarán a los cielos con los Justificados, y los que irán abajo con los Juzgados, porque la Balanza pesa las Almas soberanamente. Esta EXPLICACIÓN emana sólo del Hijo.

La continuación se comprende cómodamente, tanto como la simbología que rodea a los Seguidores de Horus y a los Rebeldes de Set. Son, en efecto, los dos gemelos de los *Dos Granos* tan difíciles para las interpretaciones de los egiptólogos. Ellos han poblados las dos Tierras en un doble entendimiento en la Doble Morada.

De hecho, los textos interpretativos de los egiptólogos, sean ingleses, suizos, belgas o franceses, se basan en una única utopía de un politeísmo desmesurado. Y, por ello, poco difieren los unos de los otros, nosotros hemos elegido el trabajo más antiguo y elaborado como modelo para permitir al lector efectuar las comparaciones suficientes y hacerse una idea de los pensamientos que han dirigido la concepción impropiamente llamada "El Libro de los Muertos". Recordemos que la búsqueda de de Rougé data de 1860 y que ese mismo año apareció en la *Revue Archéologique*, mientras que la de su colega Amelineau apareció en el *Journal Asiatique* en 1910 (el periódico Asiático).

He aquí el texto más antiguo, imitado después por tantos colegas:

Oh, Ra en su huevo, que brilla por su disco, que ilumina su horizonte, que nada sobre su materia, que odia el retraso, que camina sobre los soportes del dios Schou. El que no tiene segundo entre los dioses, que produce los vientos por los fuegos de su boca y que alumbra el doble mundo por sus esplendores. Salva Osiris N. de este dios cuya naturaleza es un misterio y cuyos párpados son los brazos de la balanza en la noche en la que se hace la cuenta de Aouai.

Él lo explica: La noche de la cuenta de Aouai, es la noche en la cual la llama cae.

No es necesario intentar explicar lo inexplicable e intentar interpretar, por ejemplo, el término Aouai. Veamos la otra versión efectuada cincuenta años más tarde por Amelineau, pero claramente inspirada en la anterior:

Oh, el que es en su huevo, que culmina en su disco, que brilla fuera de su montaña solar, que navega sobre el firmamento, cuyo segundo no existe entre los dioses que navegan sobre los soportes de Shu, que da los influjos por las llamas de su boca, que alumbra las dos tierras por su esplendor, salva al escriba Nebseni, maestro de veneración de este dios misterioso de forma, cuyos párpados están en los dos brazos de la balanza en esta noche que cuenta la violencia.
¿Qué es eso? Es el dios que trae su brazo.

Los dos párrafos, a pesar de estar copiados el uno el otro, son diferentes (¡y cuanto!) en la forma y en el fondo siguiendo los jeroglíficos, lo que prueba sin necesidad de demostrarlo las diferencias que separan a los egiptólogos de una misma escuela de aprendizaje. Además, el segundo autor no se para el versículo y le añade el siguiente, sin preocuparse de la separación deseada y practicada por el escriba.

Sin más demora abordemos el párrafo siguiente:

26.º versículo:

123ª – ASÍ REUNIDOS BAJO EL SEGUNDO CIELO, LOS NATIVOS de las primeras parejas del Segundo Cielo bendecido por la Divina, se reunirán con los Retornados a condición de la unificación en Leo, bajo pena de la destrucción de las Almas.

EL LIBRO DEL MÁS ALLÁ DE LA VIDA

124ª – ASÍ HABLÓ el Guía, antes de abrir las exclusas del cielo contra los Hijos de los Impíos que mataron a Osiris. OTRA VARIANTE: Los protectores de los Hijos del Cielo, antes de armar los brazos vengadores de los Buenos contra los del Reino-Perdido, les instruyeron de la Ley.

125ª – OTRA VARIANTE: Horus, el Hijo Celeste, el Vengador de su Padre, el Mediador de los Adormecidos de Arriba, combatió a los que pecaron contra las ordenanzas del cielo, antes de devolverlos al reino de los Redimidos.

Versículo vigésimo sexto:
ASÍ REUNIDOS BAJO EL SEGUNDO CIELO, LOS NATIVOS de las primeras parejas del Segundo Cielo bendecido por la Divina, se reunirán con los Retornados a condición de la unificación en Leo, bajo pena de la destrucción de las Almas. ASÍ HABLÓ el Guía, antes de abrir las exclusas del cielo contra los Hijos de los Impíos que mataron a Osiris. OTRA VARIANTE: Los protectores de los Hijos del Cielo, antes de armar los brazos vengadores de los Buenos contra los del Reino-Perdido, les instruyeron de la Ley. OTRA VARIANTE: Horus, el Hijo Celeste, el Vengador de su Padre, el Mediador de los Adormecidos de Arriba, combatió a los que pecaron contra las ordenanzas del cielo, antes de devolverlos al reino de los Redimidos.

HOR (Horus) el Hijo Celestial "El vengador de su padre"

Sin embargo, la continuidad del texto permite una lectura de corrido, lo que nos lleva a meditar sobre el contenido de los versículos, los párrafos sin significado golpeados por un montón de absurdos, surgidos de las diversas interpretaciones de nuestros escritores se prestan a la risa o al llanto según el estado de ánimo.

La copia de De Rougé es la siguiente:

El que empuja a los impíos a la morada del tronco para destruir sus almas.
Él lo explica: Es Smu, el aniquiladorde Osiris.
De otro modo: Es el gavilán Horus, que tiene varias cabezas, una lleva la justicia, la otra la iniquidad; devuelve el mal al que lo ha hecho, la justicia a quien la lleva consigo.
De otro modo: Es Hor de Sechem.
De otro modo: es Thot, es Nofre-Toum, hijo de Bast: son los jefes que rechazan por doquier a los enemigos del señor universal.

Es bastante decepcionante, además, ver en este mismo autor una falta de observación sistemática de los encabezamientos de los párrafos caligrafiados en rojo por una parte, y de su asimilación de las palabras *dicho de otro modo* de varios jeroglíficos con un significado totalmente diferente. Amelineau se mantiene en imitaciones construyendo sus frases siguiendo el mismo modelo que su predecesor:

Es la noche de hacer que los pecadores lleguen a su cadalso, de destruir sus almas.
¿Qué es eso? Es Nemou, el dios del cadalso, es el verdugo de Osiris.
Otro decir: Es Horus que tiene dos cabezas, una lleva los justificados, la otra los pecadores, dando sus pecados a los que los hicieron, las justicias a los que las siguieron.
Dicho de otro modo: Es Horus el grande en el Sekhem.
Otro modo: Es Thot.
Otro modo: Es Nofre-Toum, es Soupt que se opone a las cosas de los enemigos del maestro por completo.

Está claro lo que pasó por la cabeza de Amelineau, viendo los jeroglíficos, además, el autor reconoce él mismo durante su comentario de este versículo:

He apartado dos miembros de las frases expresadas, ambas de la misma forma, a saber: Apap sólo tiene una cabeza llevando a los realizados, y Horus tiene la doble cabeza, una lleva los pecadores, la otra los justificados. Yo creo que se debe buscar la explicación de estas dos frases del mismo modelo, en los cuadros que ilustran algunos libros religiosos de Egipto.

Queda aquí muy claro que no hay ni un sólo intento de traducción verdadera, sino simplemente una interpretación de la imaginería. Hay, sin embargo, casos en los que la iconografía habla por si misma, como la que vemos a continuación. Es el rebelde Set que acaba de ser reducido por Horus y sus seguidores. Es el resumen más escueto del período que va desde el Gran Cataclismo hasta la unificación en el Segundo Corazón por la rendición de los descendientes de Set:

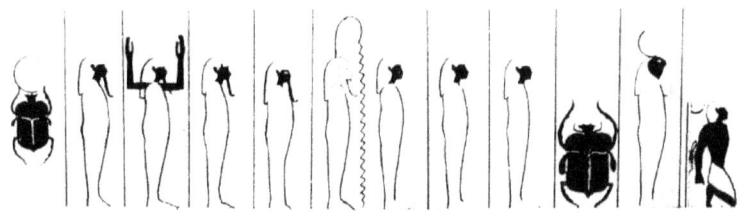

El texto del capítulo XVII no sólo es comprensible, sino que, además, explica claramente la cronología del inicio de los tiempos de este Segundo Corazón, Ath-Ka-Ptah, fonetizado Aeguyptos en griego y Egipto en español. Nos damos cuenta que hay una cierta reminiscencia en el texto dejándonos un sabor de ya visto para no decir ya leído. He aquí el párrafo siguiente:

27.º versículo:

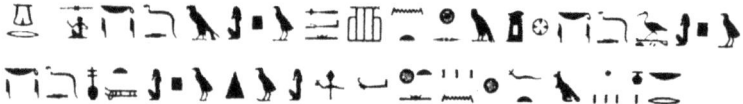

126ª – Yo soy, dice OTRA VARIANTE, HOR, el Hijo Vengador, regresado bajo la bóveda celeste, lejos del Trono Eterno. OTRA VARIANTE añade: Y del hermano mayor de Set. OTRA VARIANTE de los Bienaventurados escapados de la Destrucción: ellos han sido los grandes beneficiados.

127ª – He aquí lo que recopió Nebseni, el escriba de la Voz Justa, que ya no puede ser salvado de lo Increado por las Guardianas de los Menores, porque está en manos de los Rebeldes que forman la multitud del Poniente de más allá del León. Pero los asesinos

128ª – no alcanzarán a Osiris, convertido en el Protector de la multitud.

Versículo vigésimo séptimo:
Yo soy, dice OTRA VARIANTE, HOR, el Hijo Vengador, regresado bajo la bóveda celeste, lejos del Trono Eterno. OTRA VARIANTE añade: Y del hermano mayor de Set. OTRA

VARIANTE de los Bienaventurados escapados de la Destrucción: ellos han sido los grandes beneficiados. He aquí lo que recopió Nebseni, el escriba de la Voz Justa, que ya no puede ser salvado de lo Increado por las Guardianas de los Menores, porque está en manos de los Rebeldes que forman la multitud del Poniente de más allá del León. Pero los asesinos no alcanzarán a Osiris, convertido en el Protector de la multitud.

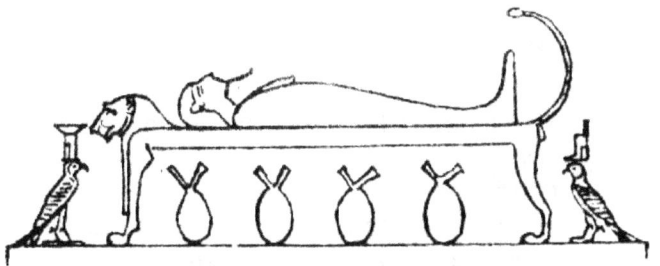

Osiris, el Primogénito, ya no puede ser alcanzado
Él está en el más allá del León, protegido por las
Dos Guardianas, sus hermanas, y por sus cuatro hijos
(los corazones bajo su cadáver) de los que se
convierte en Protector, y que engendrarán
la multitud infinita.

A partir de ahora, cada lector es capaz de percibir el valor espiritual de este capítulo, incluso si no lo comprende a fondo. No es porque su origen se pierde en la noche de los tiempos más remotos que se puede dudar de su realidad. A pesar de los perceptibles escrúpulos más allá de las variantes meticulosamente reproducidas por el escriba Nebseni, este texto contiene una flagrante veracidad. No debemos olvidar que durante esta XVIII dinastía el apogeo de los Ramsés está en su cénit, que son los rebeldes, adoradores del sol, así pues, los usurpadores que han rechazado la verdadera Fe. La dictadura solar de estos faraones era tal que si no se camuflaba el culto a Ptah, o se renegaba de él, equivalía a una muerte segura o una vida de esclavitud al servicio de Amón. Es por lo que en los grabados de las tumbas de esta época se reconocen fácilmente egipcios y judíos unidos en una misma galera de trabajo, en la construcción de los edificios reservados al carnero Amón o en la fabricación de ladrillos bajo los latigazos de los guardianes de esta casa "religiosa" solar.

Pensando en la vida cotidiana de estos oprimidos, reprobados por el escriba que prefería seguir su transcripción de la teodicea mejor que trabajar en el desierto a pleno sol, los escrúpulos hicieron añadir a Nebseni: *Horus, el hijo vengador, regresado bajo la bóveda celeste, lejos del trono eterno*; la variante: *y del hermano mayor de Set,* ya que el jeroglífico grabado entonces era el de Set y no el de Osiris que era designado en realidad. Esta astucia puede parecer infantil, pero para los usurpadores que no leían la lengua sagrada, en cambio, el símbolo "Divino" de Set sí les era bien conocido.

Este nombre helenizado de Ramsés era fonetizado en base a los jeroglíficos que significaban *Ra-Mi-Set*, es decir, que los portadores de este nombre personificaban para los servidores de los templos de Ptah la raza deshonrada de los descendientes de los Rebeldes de Set, los adoradores del sol, que introdujeron el famoso cisma de Amón, obligando a venerar el sol personificado por el Carnero, ya que, en esta época, el sol empezó su navegación retrógrada en la constelación del Carnero después de haber dejado la de Tauro, la cual había llevado a su cénit la adoración a Osiris.

Así, esta idolatría de Ra-Carnero, salida del ex-Sol, *Poniente-Resucitado*, tomó una preponderancia sacerdotal hasta en los templos consagrados a Ptah, notablemente en *An*, que era el nombre jeroglífico de la primera ciudad nacida de la unión de los dos clanes fraticidas. Ella se convirtió en la capital solar de los Rebeldes en el momento de la escisión de los dos clanes. Hasta tal punto que los griegos, otra vez ellos, le dieron el nombre universalmente conocido de Heliópolis.

Bien, el escriba Nebseni formaba parte integrante de los servidores del Dios-Uno, el creador del sol, como del resto del cielo y de la tierra. Este escritor religioso sólo podía estar ariscamente opuesto a esta abominación de las más blasfemas. Deseando que se pudiese leer más allá del texto, el fondo de sus pensamientos, Nebseni disfrazó mal sus anaglifos y esperó no verse sometido a la suerte de los que en todos los tiempos prefirieron defender su fe más que su vida terrestre.

A propósito, es necesario recordar que este período dinástico, ya muy agitado, también fue el escenario de Moisés el egipcio, cuyo nombre significa en jeroglíficos *Salvado de las Aguas*. No debemos olvidar que este *hijo* aprendió toda su sabiduría de los egipcios, como lo confirman *Los hechos de los Apóstoles*, párrafo 23, en la Biblia. No hay equívoco posible: Moisés habiendo sido educado para convertirse en gran sacerdote de Ptah, como príncipe de Ath-Ka-Ptah, fue uno de los últimos iniciados. No sólo de la ciencia y el saber egipcios, sino también de la totalidad del conocimiento filosófico y teológico.

De este modo aprendió obligatoriamente la esencia misma del más antiguo monoteísmo de los primogénitos de Aha-Men-Ptah, los ancestros comunes a todos los pueblos de Oriente Medio en esta XVIII dinastía. Además, él fue admitido en su iniciación como sacerdote y seguidor de Horus. Su veneración para Dios estaba bien anclada, tal como su obediencia a los mandamientos de la ley. Todos los hombres, como verdadera imagen de un solo creador, nacían iguales en corazón y espíritu, su adoración a Osiris, que era el primogénito de Dios, no tenía igual en su fervor por defender a los débiles y oprimidos que pululaban en su época bajo los reyes usurpadores. Este fue el mayor motivo para que Moisés desprecie las invocaciones del triunfante Amón.

Los sacerdotes de este culto blasfemo amasaban, además, fortunas colosales que provenían del trabajo y el sudor de los campesinos reducidos a una abominable esclavitud, siendo menos que animales. Estos miserables obreros, reclutados a la fuerza, eran indiferentemente judíos o egipcios, no había discriminación en la elección de los músculos. Y la parcela divina de Moisés, profundamente ligada a influjos sagrados, conmovido por esta situación, fue ciertamente influenciado por Dios y tuvo la revelación de que los diversos acontecimientos que se entremezclaban eran insensatos y deshonrosos para el Creador, y que debía él, Moisés, rebelarse contra lo que tenía el poder de destruir la Armonía establecida por una alianza formal con el eterno. De ahí su huida de Egipto con tantos judíos como egipcios.

Pero esta parte histórica sale del presente "ritual" nos hace regresar al estudio del combate encarnizado establecido entre los rebeldes de Set y los seguidores de Horus, tal y como los diferentes manuscritos encontrados los narran en múltiples metáforas a lo largo de este capítulo. La historia de los dos hermanos en esta dinastía toma una nueva dimensión fraticida, más diplomática y más sutil, donde los faraones usurpadores ya intentaban conciliar la gracia de los pontífices y grandes sacerdotes dedicados a Ptah. Era, en otro plano, una especie de renovación de los valores, tal como Dios lo había hecho en su cólera haciendo pivotar el eje terrestre durante el trayecto del sol, en la constelación de Leo, para hacerlo volver sobre si mismo. De ahí un nuevo tipo iconográfico de esta época muy tormentosa, con Set renaciendo de sus cenizas (y que aparece en negro) en medio de sus hermanos difuntos para sustituirlos en cuanto llegue cerca del gavilán Horus, antes de enfrentarse a todo el clan enemigo en un sol renaciente bajo una forma unificada de gavilán con cabeza de carnero.

Es por lo que a continuación de lo que añade el escriba Nebseni, al final de este versículo, se utiliza el método de lectura preconizado por Clemente de Alejandría en su Libro 6 *Stromatas*, referente a los jeroglíficos anaglíficos. Su significado depende de una superposición de signos característicos que dan *otro sentido* a la frase, es su segundo sentido.

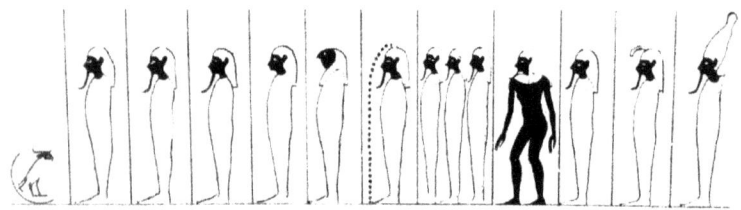

Esta es la continuación del resumen, igual de sucinto, que trata de la unificación del Segundo Corazón por Mena (o Menes) hasta el advenimiento de Seti I, Adorador de Amón.

Aclarado esto es más fácil seguir con este pasaje, hay que reconocerlo, bastante angustioso:

28.º versículo (fin de la línea 128ª):

128ª – Yo soy el que los asesinos espían. EXPLICACIÓN: Todo dependerá de Anepu, el fiel compañero de Horus, que fue el enviado para salvar al Hijo bajo la bóveda del

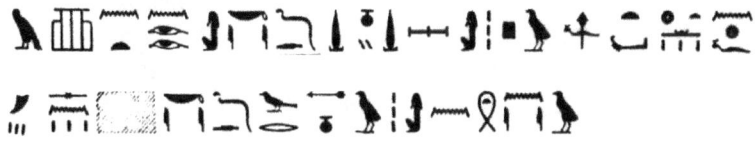

129ª – cielo del Gran Observador. OTRA VARIANTE: Que la luz que emana de los espíritus protectores defienda a los oprimidos cuya muchedumbre aumenta. OTRA VARIANTE: Que los que se sientan sobre falsos tronos no lleguen jamás a

130ª – la Morada Suprema.

> *Versículo vigésimo octavo:*
> Yo soy el que los asesinos espían. EXPLICACIÓN: Todo dependerá de Anepu, el fiel compañero de Horus, que fue el enviado para salvar al Hijo bajo la bóveda del cielo del Gran Observador. OTRA VARIANTE: Que la luz que emana de los espíritus protectores defienda a los oprimidos cuya muchedumbre aumenta. OTRA VARIANTE: Que los que se sientan sobre falsos tronos no lleguen jamás a la Morada Suprema.

Sin embargo, es menos cómodo seguir el pensamiento de Amelineau:

> *Que no dominen sobre mí; que to no baje hacia sus cuchillos.*

¿Qué es eso? Es Anubis, Es Horus, el príncipe de los dos ojos.
Otro decir: Son los Djadjnouts que rechazan las cosas de sus enemigos.
Otro decir: Es el gran de las flechas, de las cámaras elípticas.

Está claro que es difícil de comprender, y al final de su comentario explicativo sigue siendo igual de oscuro:

La función que yo nombro, el Grande de las flechas, o de las armas arrojadizas, es una de la que se encuentra más frecuentemente citadas en las tumbas del Imperio Antiguo, y que no debe sorprendernos encontrar en los Infiernos, retomada por un dios cuyo servicio era rechazar a los malditos.

Esto no resuelve absolutamente nada en cuanto a la comprensión de los jeroglíficos y, aún menos, de lo que le sigue que son las cámaras elípticas, de la que no da ninguna explicación a pesar de ser un talento por descubrir.

De Rougé difiere sensiblemente:

Que los que moren en sus altares no me hagan oposición, porque soy uno de los servidores del señor supremo siguiendo los preceptos del escarabajo.
Él lo explica: Es Anubis, es Horus habitando la morada [...]
De otro modo: Es Horus en el Schemi.
Otro modo: Son los jefes que han rechazado a los enemigos del señor universal.

El hueco dejado en blanco [...] se comprende ya que el grabado original del manuscrito tiene una parte arrancada que falta. Esta es muy visible en la línea 128ª, marcada con líneas aserradas oblicuamente en gris, pero que es reproducida por: *cuya muchedumbre aumenta*. Esto tiene su motivo de ser por esta idea del aumento de la esclavitud encontrando referencia a los oprimidos en numerosos textos de la XVIII y XIX dinastía. En lo que se refiere a nuestra versión volvemos al manuscrito de Nebseni que tiene un tipo de "encadenado" que nos viene muy bien:

29.º versículo (fin de la línea 130ª):

130ª – Pero los asesinos de los oprimidos no impedirán que el Alma del escriba Nebseni, con la Voz Justa, emprenda el vuelo para reunirse con la del Gavilán, Hijo de los Cielos y Unificador de las Dos Tierras,

131ª – el Vengador de su Padre, que me vengará igualmente. Porque yo conozco el nombre de mis enemigos, son los que han matado a Osiris antes de encarcelar su cuerpo en la Piel. Pero el Ojo observaba su ojo-primogénito que hacía el camino de su Vida

132ª – terrestre para que los jóvenes corazones en ruta hagan acto de piedad después del Gran Cataclismo y puedan ser acogidos, a su vez, en el cielo, más allá de Leo, donde vive a partir de ahora el Hijo del Hijo.

> *Versículo vigésimo noveno:*
> *Pero los asesinos de los oprimidos no impedirán que el Alma del escriba Nebseni, con la Voz Justa, emprenda el vuelo para reunirse con la del Gavilán, Hijo de los Cielos y Unificador de las Dos Tierras, el Vengador de su Padre, que me vengará igualmente. Porque yo conozco el nombre de mis enemigos, son*

> *los que han matado a Osiris antes de encarcelar su cuerpo en la Piel. Pero el Ojo observaba su ojo-primogénito que hacía el camino de su Vida terrestre para que los jóvenes corazones en ruta hagan acto de piedad después del Gran Cataclismo y puedan ser acogidos, a su vez, en el cielo, más allá de Leo, donde vive a partir de ahora el Hijo del Hijo.*

Este párrafo ha suscitado muchas interpretaciones, porque el jeroglífico que representa una piel atravesada por una flecha (línea 130ª), además poco usado, aunque sea vital en la teología tentirita. Amelineau lo comenta:

> *Ese dios lanza rayos luminosos, aunque invisible, la llama de su boca recorre el cielo entero, imitando a Hapi sin ser visto, es decir, que hace como el dios del Nilo cuya fuente está escondida; así pues, las ideas se siguen muy bien.*

Si las ideas se siguen muy bien [¡sic!] parece que esto sea únicamente en el espíritu de su autor. En cuanto a de Rougé, reconoce humildemente en su comentario que:

> *Hay una cierta confusión en esta versión que doy.*

Así pues, no vamos a insistir sobre sus interpretaciones. Desarrollemos la traducción de este versículo remontándonos al pasaje esencial de lo que fue la vergüenza que hundió a Aha-Men-Ptah.

El mismo día en el que la cólera divina desencadenó la destrucción de Ath-Mer, la capital de primer corazón, que no tardaría en ser totalmente hundida, el joven rey Osiris se expuso al odio mortal de su medio hermano menor Set, el cual lo atrajo a una trampa para firmar un tratado de armisticio. Osiris sabía que podía ser traicionado, en efecto, allí fue matado a golpes de cuchillos por los oficiales de Set que remató a su medio hermano con un golpe de lanza en pleno corazón, después lo precipitó contra un muro donde una gran piel de toro colgaba a modo de separación entre dos espacios, la cogió en ese mismo lugar y envolvió el cuerpo y el alma de Osiris de forma que ésta se pudra y perezca con la envoltura carnal. Después mandó tirar la piel bien cerrada en un brazo de mar con la certeza de su desaparición, pero

Dios velaba y pudo revivir a Osiris, como se precisa perfectamente en este versículo 29 del capítulo XVII.

𒀭𒀭𒀭 *porque yo conozco el Nombre.* Se trata aquí de tres almas anunciando el plural conocido del nombre que viene a continuación.

✝ *de mis enemigos.* Es la cruz que ya significaba una matanza por vileza, pues, de los enemigos, pero en un solo sentido, ya que para el que se exponía al odio no era recíproco.

𒀭𒀭𒀭 *Son ellos.* Es el plural que confirma un acontecimiento bien conocido.

𒀭 *que han encarcelado.* Encerrado dentro de algo que es como una morada, no se trata de un ataúd ya que Osiris no estaba muerto

𒀭 *Osiris.* Ya comentado numerosas veces.

𒀭 *dentro de la piel.* Es el recinto, la Morada porque Osiris no está muerto, que ha consagrado el cuerpo durante su transporte para permitir su resurrección.

Pero he aquí la versión de este párrafo revisado y corregido por De Rougé:

> *Salvad a Osisis N. de estos guardianes que traen los verdugos que preparan los suplicios de la inmolación; no se puede escapar a su vigilancia, ellos acompañan a Osiris. Que no me cogan, que no caiga en sus crisoles, porque yo lo conozco, yo se el nombre de Matat que está entre ellos en la morada de Osiris, el trazo invisible que sale de su ojo, circula en el mundo por el fuego de su boca. Él da sus órdenes al Nilo sin ser visible.*

Osiris N. ha sido justo en el mundo y llega a buen puerto cerca de Osiris. Que los que estén en sus altares no me hagan oposición, porque soy uno de los servidores del señor supremo.

No se reproduce la versión de Amelineau, que indudablemente se ha inspirado mucho del texto de la leyenda.

Esta es la piel representada delante del santa sanctórum de los grandes templos de Egipto y que indica a menudo por la disposición de la lanza, un lugar sagrado o escondido. (La fotografía reproduce el imiut, nombre egipcio del fetiche, encontrado en la tumba de Tutankamon)

Hor, el hijo del Hijo, asegura la protección de la multitud más allá del León, bajo la bóveda celeste estrellada.

Mejor, empecemos el párrafo siguiente:

30° versículo:

133ª – Todos serán entonces los Bienaventurados Primogénitos de Osiris, los Dormidos del Gran Río Celeste, que indican por signos el camino a seguir bajo pena de volver con los Retornados. Así han hablado las Autoridades por los Escritos

134ª – Divinos, que mandarán eternamente a las Almas transformadas grandes por su Saber. Así los Asesores podrán ejecutar los Decretos Celestes para que los descendientes de Geb no teman más por sus espíritus.

> *Versículo trigésimo:*
> *Todos serán entonces los Bienaventurados Primogénitos de Osiris, los Dormidos del Gran Río Celeste, que indican por signos el camino a seguir bajo pena de volver con los Retornados. Así han hablado las Autoridades por los Escritos Divinos, que mandarán eternamente a las Almas transformadas grandes por su Saber. Así los Asesores podrán ejecutar los Decretos Celestes para que los descendientes de Geb no teman más por sus espíritus.*

Abordamos aquí el preludio del estudio de las combinaciones matemáticas divinas, el que permite conocer los designios de Dios para estar en armonía con su ley. Esta Combinaciones eran consideradas como signos de autoridad divina, ellas eran los escritos divinos, se hablará de ello ampliamente más adelante.

Sobre este párrafo de Rougé es muy sucinto y ni siquiera intenta explicar su interpretación. Apenas si explica qué ha hecho de la oca, la cual es y sigue siendo el único símbolo figurativo de GEB, que fue el último rey de la Primera Tierra de Dios:

> *La oca smen parece haber sido consagrada a Amon porque su dibujo no difiere de los de las ocas del Nilo [¡sic!]*

He aquí su texto:

Osiris N. vuela como un gavilán, como una oca, él no será destruído jamás como la serpiente Nahav-Ka. Que ellos no se rebelen contra mi, que yo no caiga en sus crisoles. Ellos son los que moran sobre los altares. Es la figura del ojo del sol con la figura del ojo de Horus.

Amelineau ha mejorado este pasaje, helo aquí corregido y revisado de acuerdo con su imaginación:

A bordo felizmente por delante de Osiris, no me sacrifiques, porque soy un seguidor del maestro por completo según los escritos de transformación. Yo vuelo en gavilán, cloqueo en oca, yo estoy siempre en movimiento como Nohebkaou. Que no esté en vuestros altares, porque las cosas que están en los altares es la imagen del ojo de Ra con la imagen del ojo de Horus.

Dejemos esto sin polemizar para meditar más largamente sobre la querella de los escribas, donde se mezclan las almas de los retornados, de los inocentes y de los bienaventurados, entre las que se encuentran sin duda la de Ani y la de Nebseni. Su súplica es aún más conmovedora, ya que presenta sin precisarlo abiertamente los dos temas monoteístas que se enfrentaron durante milenios, uno salido del mismo creador, mientras que el otro no era más que una idolatría convertida en zoolatría por la introducción de carnero Amón.

Desde la noche de los tiempos, resurge el elemento primordial de un patético pasado, donde se deshoja con un pudor digno de todo elogio los numerosos martirios con los que sufriremos la misma muerte lenta y horrible por la primacía de un Dios-Único, creador de todas las cosas y de todos los seres.

Es fácil darse cuenta que se trata de la noción del *Bien* y del *Mal* la que discurre detrás del conocimiento de las combinaciones matemáticas divinas, que los maestros del número y la medida estudiaban durante toda su existencia en la Doble Casa de Vida, adjunta al templo de Dendera a este propósito, y que muchos milenios más tarde sólo fue conocida con el nombre tan enigmático de Gran Laberinto.

Sigamos nuestra traducción:

31.º versículo:

135ª – Hay que observar que los hijos de los nuevos cielos, que vivirán en el temor de los Mandamientos, aplaudirán el derrumbe de los altares solares, porque estos serán barridos por el Ojo-Uno, el Autor de las Parcelas.

136ª – Porque ellos perecerán bajo el Sol de otra destrucción aún más terrible si las Palabras Divinas del Maestro de la Morada siguen siendo ultrajadas; a Él: Vida Eterna, Luz y Paz, porque sólo Él puede salvarnos.

Para no alargar inútilmente este texto, las transcripciones no concordantes de este versículo de otros egiptólogos, se dejarán donde estén, digamos solamente que Amelineau escribió:

> *Ah, Ra-Toum, maestro del gran castillo, príncipe, a él sea la vida, salud y fuerza de todos los dioses.*

Este texto corresponde a nuestra línea 136ª, y para la misma frase, de Rougé escribe:

Ah, señor de la gran morada, rey supremo de los dioses, salva a Osiris N. de ese dios que tiene el rostro de Tesem y los párpados de un hombre que se alimenta de los malditos.

Nuestros lectores, ya comprenden más cómodamente la elevada espiritualidad de este texto y para situarlo en su entorno veamos con detalle el lugar donde fue copiada por primera vez esta teología tentirita que está en Dendera. Ahí se encuentra hoy la sexta reconstrucción del templo de la Dama del Cielo y de la Doble Casa de Vida de las Combinaciones Matemáticas Divinas.

EL PLANISFERIO DE DENDERA

Planisferio del Templo de la Dama del Cielo en Dendera.
(dibujado en el lugar mismo por uno de los miembros de la Comisión Científica que acompañó a la Armada Egipcia del General Bonaparte en 1799).

Citaré sin embargo un subterráneo descubierto por azar en la parte meridional del templo de Dendera; su entrada estaba bien disimulada por una piedra móvil que parecía formar parte de la decoración de la sala. Ella daba acceso a una continuación pasillos y pequeñas cámaras donde quizá se realizasen las pruebas de los iniciados.

Vizconde E. De Rougé
(Informe al Ministerio de Instrucción Pública, mayo 1864).

Emplazamiento de las 12 constelaciones sobre el planisferio con su eje exacto Norte-Sur:

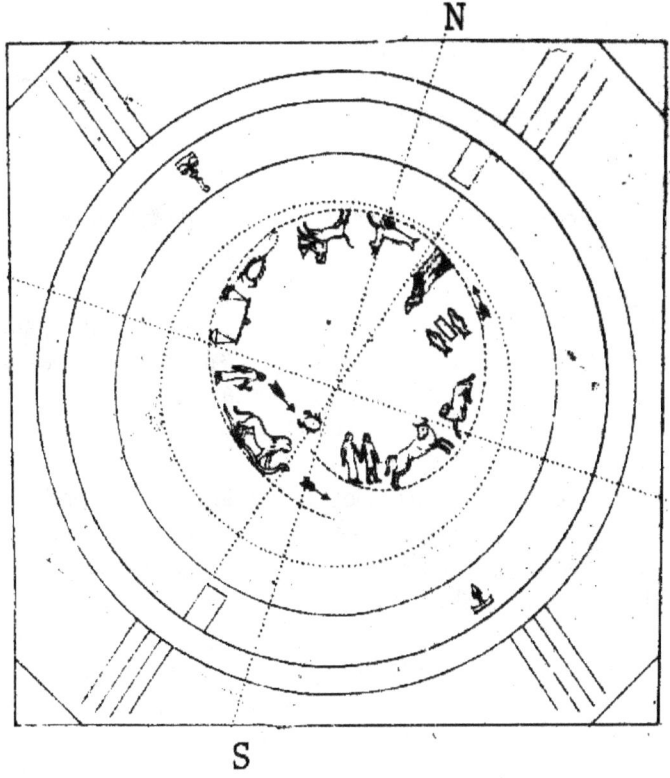

Como en el caso de la piedra de Roseta, se debe a los miembros de la Comisión Científica que acompañó al Ejército Francés del general Bonaparte en Egipto, el reconocimiento de esta carta de un cielo específico que fue primeramente identificado como un planisferio antes de convertirse en el famoso Zodíaco. Este archivo monumental que es sin duda el más antiguo del mundo por el mensaje grabado en piedra, reapareció bajo los ojos maravillados de los soldados en el año 1801, surgiendo de repente de su lejano pasado.

Es el general Desaix al mando del ejército del Alto Egipto que perseguía a los mamelucos del Pachá Mourad Bey que huían. Una noche decidió hacer un descanso para sus reventadas tropas en un lugar llamado Tentiris, bajo la sombra de ruinas surgiendo de las arenas, encima de las cuales los indígenas habían construido su pueblo, fortificándolo de esta forma contra la invasión de los bandidos.

En este lugar, al atardecer con el sol poniente, el general paseándose acompañado de los miembros de la comisión científica que lo habían seguido, descubrió en el techo de una sala superior del templo este bellísimo grabado, cuya reproducción dibujada es obra de un sabio del grupo, el barón Denon.

En su periódico *Journal de l'Expedition d'Egypte de 1799 a 1801*, E. de Villiers de Terrage, otro sabio del periplo, cuenta:

La única vista de los monumentos de Dendera, bastaron para aliviarnos las penas y las fatigas del más temible de los viajes, a pesar de que no tener ninguna esperanza de poder visitar todo lo que incluye el resto de la Tebaida.

Saulnier, que financió veinte años más tarde a los que fueron a Dendera para buscar el Zodíaco y traerlo a Francia, escribió en su libro de recuerdos este trozo significativo después de haber recibido una misiva de su jefe de expedición, Lelorrain:

La imaginación se asusta de las enormes sumas y del tiempo que han sido necesarios para acabar este edificio suntuoso. Su aspecto es tan imponente que golpea con respeto hasta los hombres más groseros de la tropa siendo los más extraños a las artes. Se dice que después de una larga caminata, la división del general Desaix llegó de noche a Dendera y fue conmovida por un sentimiento de admiración a la vista del gran templo y que, a pesar de sus múltiples privaciones y fatigas, en varias ocasiones aplaudieron espontáneamente.

Yendo a la derecha para rodear el templo, se camina sobre una montaña de escombros que, elevándose en una pronunciada pendiente cubren las columnas de los pórticos hasta una altura bastante considerable y cubriendo también el templo hasta la parte inferior de sus frisos. Una apertura, evidentemente realizada, a través de una cubierta da acceso a una plataforma que cubre este vasto recinto. Los cultivadores árabes habían construido un pueblo de adobe cuyas ruinas aún existen, con el probable objetivo de protegerse de las incursiones de los mamelucos o de los beduinos.

Saulnier, con estos mismos recuerdos, dice que la llegada a la sala del planisferio difiere de la actual:

Cuando se ha penetrado sobre esta magnífica terraza, en seguida, a mano derecha, tenemos un pequeño apartamento dividido en tres habitaciones. Antaño se accedía a él por una estrecha escalera interior, cuyos escalones aún no están destruidos, pero está llena de escombros aún hoy, La primera habitación en la cual se entra es a cielo abierto: sus paredes están decoradas de esculturas de una ejecución remarcable. Tiene cuatro metros con cuarenta centímetros de ancho. Debemos cruzarla para penetrar en otra sala cuya anchura es la misma y que está alumbrada por la puerta. Las bellas esculturas que decoran esta habitación no son de un trabajo menos cuidado que las de la primera. Y era en su techo donde estaba suspendido el inapreciable monumento: el zodíaco.

El templo de Dendera, sobre el techo del templo, tal como lo vieron los sabios y soldados que acompañaban al general Desaix en el Alto Egipto en 1801.

Para situar enseguida este grabado esculpido en el techo, su conjunto se divide en tres partes distintas:

1.º Las doce constelaciones y sus seguidoras, las Fijas, inscritas en un círculo interior.
2.º Un cortejo de figuras representativas de escenas sacados del Primer Corazón y rodeadas de la explicación jeroglífica acabando un segundo círculo excéntrico.
3.º Una figura de Isis con los brazos extendidos a lo largo de todo el techo.

Tres losas enormes sostenían este grabado, el planisferio ocupaba una en totalidad y un cuarto de otra, por un lado el zodíaco tocaba una pared y del lado opuesto a una de las leyendas que rodeaba a Iset o Isis. Es interesante observar que los dos otros lados acababan cada uno en una serie de ocho líneas en zigzag tal como está a continuación.

Como se ha dicho, una línea quebrada es el jeroglífico del agua; tres, unas sobre otras, es el símbolo de la crecida del Nilo o una inundación debida a la crecida de éste. Cinco líneas en zigzag es el signo del Diluvio Bíblico, ocurrido en Oriente Medio.

Siguiendo esta constante progresión, ocho líneas quebradas, tal como vemos en el techo del templo de la Dama del Cielo, rodeando la carta del cielo de un día preciso, astronómicamente designado, sólo puede indicar un súper diluvio, el Gran Cataclismo.

La parte cortada, llevada por Lelorrain en 1822, medía tres metros sesenta por dos metros cuarenta y pesaba la menudencia de treinta y dos toneladas, después de diversas hazañas y de la cuarentena del barco que la transportaba, el monumento fue desembarcado en Marsella el 27 de noviembre de 1822. El *Journal de París* de ese mismo día nos describe esta escena sin precedentes para la época en su editorial:

> *Sería difícil describir la curiosidad que ha suscitado el Zodíaco de Dendera; En cuanto salió de la cuarentena, los marselleses, en fiesta por la ocasión, no desmintieron su origen griego. Apenas habían salido del edificio el general comandante de la región militar, Damas, acompañado del prefecto del departamento y del alcalde de la ciudad, Mondgrand, corrieron al andén hacia el pontón donde estaba depositado. Numerosos*

grupos se personaron al mismo tiempo y, en la impotencia de poder recibirlos a todos, se restringieron los visitantes a unos pocos, lo que provocó un concierto de protestas. Pero yo tuve mucha suerte, fui del pequeño número de los elegidos.

Para cerrar esta serie de pequeños ecos característicos podemos añadir que este planisferio estuvo aún dos meses fondeado en el puerto por el simple motivo que no había coche alguno que pudiera soportar tal peso. Se tuvo que esperar a construir uno y por fin llegó a París, pero según el periódico *La Gazette*, llevó tres días su descarga por doce hombres dirigidos por el mejor carpintero. Nos vemos tentados a pellizcarnos para volver de lo que parece haber salido de lo irreal. Sin embargo, este conjunto grabado es una advertencia a las futuras generaciones Menores del Primogénito y data efectivamente del cuarto siglo antes de nuestra era en lo que se refiere a la reproducción llegada a Francia. Siempre hay que tener presente que se trata de copias continuamente reproducidas a partir de un original de más de diez mil años de antigüedad.

Además, los pensamientos humanos, en todos los estados de la imaginación intentan ligar sin éxito el origen al tiempo presente. Jollois, un sabio cercano a E. de Villiers, citado anteriormente, fue a ver el monumento en cuanto llegó a París y sintió el deseo de ir a Egipto para comprobar si no había soñado todas las bellezas que creía recordar. Y en su excelente obra *Voyage en Egypte*, él escribe:

Sólo había veinte minutos de camino desde Dendera a las ruinas de Tentiris, que los árabes denominan hoy Berber. Llegué al gran templo que visité esta vez con toda la plenitud del descanso y la quietud. Mi primera alegría fue convencerme que mi entusiasmo no había sido una ilusión. Todo era interesante, debería dibujarlo todo para tener lo que deseo sacar. Empezaré por la sala que había motivado este viaje: La sala del planisferio celeste.

Pero desde 1822, este monumento de Dendera había desencadenado una tempestad entre los honorables miembros de las sociedades sabias del mundo entero. Fue objeto de las más ardientes polémicas, ya que algunos medios científicos cristianos contestaron con terrible vehemencia cualquier tipo de antigüedad importante del planisferio.

La antigüedad determinada por los científicos del grabado de la carta del cielo no planteaba ninguna duda para los sabios que la habían estudiado en Egipto, confirmada más tarde en Francia de diversas formas, pero debemos reconocer que la Iglesia mantenía ferozmente y con todo su peso a los que negaban un pasado a este monumento calificado despectivamente a partir de ese momento de Zodíaco, no pudiendo ser más que una provocación blasfema contra la *Historia Sagrada*.

Una amplitud jamás alcanzada desde entonces, jamás alcanzada en una polémica entre sabios, envenenó para siempre algunas relaciones y dividió en varios clanes brutalmente opuestos a los miembros de diversas sociedades de sabios. La gran variedad de hipótesis, de las cuales algunas eran fantásticas, demuestran una falta absoluta del conocimiento astronómico de todos los eruditos que no veían ahí más que una bella imagen. De ahí lo estéril de la discusión que debería haber sido una unión de todos los esfuerzos y valores para conseguir una síntesis de estudio constructivo llevando el fin a la verdad concreta.

El número de obras aparecidas durante los veinte años siguientes al desembarco en París del Zodíaco es espeluznante. Pero como no es el fondo de este párrafo, citaremos para el interés del lector apasionado por este punto de la historia el pensamiento de cada uno de los tres jefes de filas presentes:

1.º J. Saint Martin, miembro del Instituto de Francia y de la Academia, publicaba en 1822 un largo memorial detallado, muy documentado, cuya conclusión estaba al alcance del público, invitándolo de esta forma a no polemizar:

> *Para resumir en dos frases el planisferio que decoraba antaño uno de los techos de la sala superior del gran templo de Dendera, es un monumento de época baja. Su origen no puede remontar a más de 2.700 años.*

2.º El abad Testa, Secretario de las Letras Latinas, Adjunto de S.S. el Papa en el Vaticano, igualmente miembro de la Academia de Roma, en 1.832, escribió: *Disertación sobre el Zodíaco de Dendera*, que hizo mucho ruido. A este nivel de los debates, esto fue puesto en guardia contra un sacrilegio de excomunión. Esto provocó que el documento adquiriera importancia y fuera traducido a varios idiomas. El prefacio de la traducción francesa de 1.837 desvela ampliamente el pensamiento de su autor:

Él (Testa) ha pensado que era su deber como el de todo sabio, destruir las ideas que podrían nacer de este descubrimiento del Zodíaco de Dendera. Él ha demostrado que era por error que algunos enemigos de Moisés y de las Santas Escrituras deseaban servirse de este nuevo medio para demostrar su sistema de la eternidad del mundo, o al menos de su muy lejana antigüedad. Pero las Santas Escrituras son una roca contra la cual vienen a romperse todos los otros sistemas.

3.º Ch. Depuis, autor de fama y astrónomo competente, fue el primero en desencadenar esta batalla epistolar publicando en 1.814 un memorial que tuvo más efecto que una bomba atómica actualmente. Él se convirtió en ese enemigo de Moisés y de las Sagradas Escrituras, ya que aseguraba con pruebas que le apoyaban que este planisferio era incorrectamente denominado zodíaco, ya que era la emanación de un pueblo que había vivido al menos diez mil años antes de Cristo. Sin embargo, para la Iglesia, Adán sólo había nacido cinco milenios antes de la era cristiana, cuando la Tierra no existía.

Este erudito, Ch. Depuis, profesor de matemáticas y muy amante de la astronomía, apasionado de las investigaciones celestes en su admirable memorial, donde hace intervenir la precesión de los equinoccios para justificar la datación del cielo grabada en el planisferio de Dendera, añade como conclusión desafiando a sus eventuales detractores:

No es en su inicio cuando una civilización ha podido procurarse una institución tan organizada para el estudio del cielo observándolo de forma sistemática, debemos admitir que este pueblo habría tenido anteriormente una antigüedad aún mayor al período de doce mil años para establecer el conocimiento egipcio.

A pesar de la vehemencia de las protestas que recibió, resulta que hoy este último era el sabio que tenía razón en contra de todos. La Iglesia se retractó de su postura y todo el mundo está hoy de acuerdo en situar al primer homínido hace alrededor de tres millones de años. La *Comisión Bíblica del Vaticano*, reunida en 1958, dio libertad a todos los investigadores para encontrar la verdadera cronología del Génesis, por lo que nada podía justificar la interpretación errónea de los números en el siglo XIX en los debates sobre el Zodíaco.

Para terminar indicaremos un aspecto curioso de este planisferio, anterior al diluvio bíblico, que es la indicación precisa de una llamada de atención solemne: *Una advertencia*, contra una nueva insurrección contra la obediencia a los mandamientos de la ley de la creación.

Para evitar la renovación de tal calamidad, en la que esta vez no habría ningún rescatado, los fugitivos que al fin consiguieron llegar al segundo corazón realizaron una primera construcción, un templo para la gloria de Dios, para agradecerle haber llegado a esta segunda patria.

El segundo acto inmediato: La construcción sobre las orillas del Nilo, cuyo nombre en jeroglífico *Hapy* significaba *Gran Río Celeste*, de un observatorio destinado a estudiar las combinaciones matemáticas divinas, porque los movimientos efectuados entre ellas a través de las Errantes, o planetas, en relación a algunas Fijas, o estrellas, creaban configuraciones geométricas características, cuyas operaciones estadísticas ejercidas a lo largo de varios milenios de observación constante, permitían decretar las leyes intangibles de armonización.

*Este grabado es la prueba irrefutable de la realidad
Divina de las Combinaciones.*

Diodoro de Sicilia, ya en su tiempo, confirmaba esta afirmación elemental pero vital de los usos de los movimientos estelares para investigar una vida terrestre armonizada acorde con el cielo. En el capítulo 89 de su primer libro, escribe:

> *En ningún otro lugar se observan más exactamente la posición y los movimientos de las constelaciones que en el viejo Egipto. Ellos poseen, para cada una de ellas, año tras año, unas observaciones celestes que remontan a una increíble antigüedad.*

Macrobio, inspirándose en el temor no escondido de la posibilidad de otra destrucción entre los últimos grandes sacerdotes y la decadencia de los pueblos civilizados después de su apogeo, escribía en el capítulo 10 de sus *Comentarios de Escipión*:

> *Y aún cuando incluso la futura raza, recibiendo de sus Primogénitos el renombre de cada uno de nosotros, fuesen celosos de transmitirlo a sus Menores, estas inundaciones, este abrasamiento de la tierra, cuyo retorno es inevitable en algunas épocas marcadas por el destino, no permitirían que esta gloria, lejos de ser eterna, fuera duradera.*

Diodoro, Macrobio, Lucio, Tatio, Plinio, no importa cual de los centenares de narradores serios de la Antigüedad, todos son particularmente elogiosos del Saber de los Egipcios. La dificultad sólo proviene de los celos y envidias de los sabios de los países limítrofes, los caldeos y los babilonios en particular, cuyo espíritu de lucro transformó el conocimiento en una ciencia adivinatoria.

De esta forma nació la astrología y su multitud de charlatanes. Los verdaderos cálculos de las configuraciones astrales se convirtieron en instrumentos superficiales y comerciales, pero los grandes sacerdotes Maestros del Número y la Medida tenían, entre otras cosas desde tiempos inmemoriales, unas tablas astronómicas que usaban para calcular sin dificultad las revoluciones planetarias, su duración anual y una cantidad de fenómenos celestes para efectuar sus previsiones referentes a las combinaciones matemáticas divinas, buenas y malas, a fin de usar las primeras y bloquear con ello a los que estaban afectados por los efectos de las segundas.

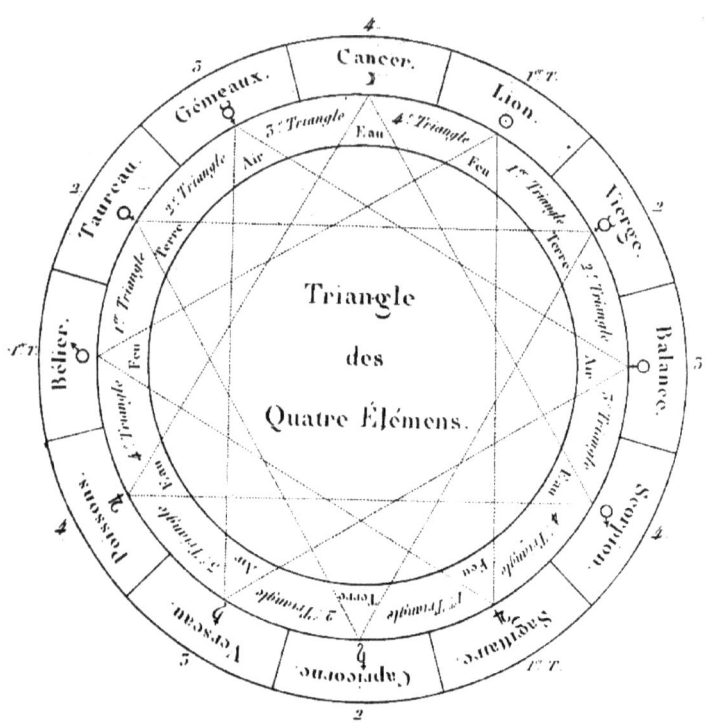

Primera etapa de los triángulos benéficos,concernientes a los Cuatro Elementos de los que dependen en primer lugar las Envolturas Carnales.

Como han sido necesarios miles de años de observación, tan meticulosa como incesante, de la bóveda estrellada para crear un sistema válido a pesar de su infinita complejidad; bien es necesario que un primer corazón haya existido en algún lugar, antes de que la Doble Casa de Vida en Dendera fuese construida en emplazamiento ideal y para que pueda ser reconstruido el Círculo de Oro. Es, pues, en este Lugar Sagrado y consagrado al estudio del cielo donde debemos buscar la clave de la comprensión del Conocimiento de estos ancestros lejanos. Y este Zodíaco, constantemente copiado y vuelto a ser copiado, construcción tras reconstrucción durante seis milenios, sobre los cimientos del mismo templo primitivo, aún está presente hoy para darnos testimonio de su indestructibilidad como punto de partida.

Ya en este segundo corazón, llegó el tiempo en el que el temor se había convertido en sinónimo de Sabiduría para que la paz pueda dominar sobre cualquier otro sentimiento de orgullo o de conquista. Los jefes de los dos clanes fraticidas, exhaustos por esta guerra interminable en la que el odio se había agudizado entre ellos, supieron hacer prueba de inteligencia obedeciendo tanto los unos como los otros a sus grandes sacerdotes. En efecto, éstos habían conservado todo el conocimiento de las combinaciones Celestes, confirmadas si era el caso por los acontecimientos que habían marcado durante varias decenas de siglos el éxodo agotador que los había llevado a esta tierra tan deseada, y prometida por Dios.

Desde que todos habían llegado, una agresividad aún más tenaz los había mantenido en constante alerta, dispuestos a matarse entre ellos, pero las pautas del tiempo previstas por el creador y su ley se acercaban a grandes pasos. El sol, símbolo de potencia divina para unos y el *Verdadero Eterno* en Él mismo para los otros, iba a penetrar siempre en retroceso en otra constelación dedicada a Osiris, el Toro Celeste, del cual había tomado el nombre y ello después de haber navegado durante casi dos mil años bajo la que había visto la lucha sin resultado de los dos hermanos sin predominancia alguna y que había sido llamada por ello la constelación de los Gemelos. Una solución se imponía bajo pena de una nueva cólera celeste que destruiría a los descendientes de los rebeldes de Set.

De este modo, Menes y Narmer firmaron un armisticio preparando una paz duradera por la reunión de las dos poblaciones en un solo pueblo. Fue Athothis, o mejor, Tê-Ptah en jeroglífico, que instauró en el día decidido por Dios la reunión en una sola tierra de la comunidad: Ath-Ka-Ptah.

Este día es fácilmente localizable, ya que es el que marcó el inicio del calendario sotíaco (la estrella Sirio) que acompasó desde ese día el desarrollo del tiempo. Sin embargo, esta matemática era calculada entre cada una de las conjunciones Sol-Sirio, es decir, que transcurrían 1461 años solares entre ellas, y este período era llamado el *Año de Dios*.

Remontando todas las dinastías es fácil encontrar este primer día de Thot (19 de julio de nuestro calendario) del año 4244 a.C., en el que tuvo lugar esta reunificación para que esté situada bajos los buenos auspicios durante todo el tiempo de su paso solar en esta constelación de Tauro, es decir, 2304 años.

El ciclo estéril de las luchas de los hermanos enemigos durante el transcurso del sol en la constelación de los Gemelos, se cerraba al menos de momento. Fue esta oficialización la que inició brillantemente la era de Tauro: la lectura a las orillas del gran río sagrado del *Juramento de los Dos Maestros*. Fue leído por los grandes sacerdotes delante de las dos poblaciones reunidas y es bien conocido por los especialistas por su título. En suma, también es un Juramento de lealtad a Dios, único creador del cosmos y de los seres vivientes que lo pueblan.

La conclusión de este juramento a orillas del Nilo merece ser repetido, ya que impregnaba los espíritus de todos los que estaban allí:

Los Dos Maestros han dicho: Gran Río, tus fuentes celestes serán las que asegurarán nuestra vida, porque ellas permitirán cada año nuestra resurrección.
Ellos han jurado al pueblo reunido: A partir de ahora viviréis en armonía con los Mandamientos de la Ley de Dios, ellos os asegurarán una Vida Bienaventurada en la Tierra y en el Cielo. Así, alimentad la tierra por vuestro trabajo, a su vez la tierra os alimentará por sus granos.
Ellos han jurado a los jefes de los Uhu de las Dos Tierras reunidos frente a ellos: Vuestra autoridad será la imagen de vuestros emblemas, porque tal como gobernéis vuestras provincias, así vivirá vuestro pueblo.
Los Dos Maestros se dijeron a ellos mismos: A fin de que todos los menores de Dios, unidos en este segundo corazón, puedan crecer y multiplicarse en paz, para la glorificación del Eterno, nuestro cetro deberá mantenerse para siempre únicamente en la mano de un Primogénito.
Por fin, elevando los brazos hacia el cielo, los Dos Maestros dirigen al creador una imploración solemne:
Oh, Tú, Señor de la Eternidad, Ptah el Todo Poderoso, que tu Ley y tus Mandamientos sean a partir de este día nuestra gran preocupación de modo que incluso nuestros actos de la vida cotidiana no tengan manchas durante nuestra marcha terrestre.

Que también nuestros menores puedan seguir como nosotros tu Armonía sin temor a la renovación de un Cataclismo. Que tu Sabiduría Celeste dictada a nuestra intención por el desarrollo de las Combinaciones Matemáticas Divinas, penetre en cada uno de nosotros y nos inspire para ayudarnos a vivir sin cometer malas acciones y fortificar nuestra Fe. Que nuestra espera al regreso entre los Bienaventurados no sea vana. Haz que todos nos volvamos a encontrar entre los Redimidos y vivir en la Eternidad de Amenta, porque no hay más que un solo Dios tanto en el Cielo como en la Tierra: Ptah el Único.

Después de este día memorable cuyo recuerdo está conservado en los Anales, se inició la construcción del Círculo de Oro en el que estaban incluidos la Doble Casa de Vida y el Templo de la Dama del Cielo: Iset. Dos secciones bien distintas compartían los alumnos de esta Escuela: los que preferían estudiar las configuraciones visibles por la noche e inmediatamente reproducidas bajo tierra; y los que se volcaban hacia un estudio más matemático, ahí donde todo era teórico sin ver la luz solar. Para ello disponían de movimientos de combinaciones posibles recabadas en los miles de pequeños muros erigidos a ras del suelo siguiendo las navegaciones de las Errantes en relación a la Fijas, puntos de referencia, y las Doce.

Lo que da, si tomamos la tierra como centro, ya que es la que recibe los influjos de las constelaciones, un conjunto convergente de $7 \times 12 \times 36 + (7 \times 36)$ o sea: 3276 habitaciones.

Herodoto, que fue uno de los más grandes viajeros de la Antigüedad griega que efectuó su largo periplo en Egipto durante el cual oyó hablar mucho, bajo otra denominación, de esta Doble Casa de Vida de Dendera. Este gigantesco trabajo era conocido en su tiempo con el nombre mítico y legendario de *Gran Laberinto*.

Los antiguos egipcios que le contaron la historia de estos dédalos de los que nunca nadie había vuelto con vida para decir lo que había en su interior, no disponían, de hecho, de ningún elemento conocido para detallar su narración. Sólo de oídas. Su origen era tan lejano que nadie se atrevía a aportar una fecha. Esta Doble Casa de Vida, con todas sus circunvoluciones celestes, reproducidas a una exacta escala terrestre en sus casi 3300 habitaciones, perdió poco a poco su nombre, su misma identidad, después de haber sido olvidada y además ignorada. Para describir este monumento, Herodoto se sirvió de lo que él había oído decir, ya que jamás visitó el lugar en cuestión, para escribir en su *Historia*, libro 2, capítulo 148:

> ¡El laberinto le gana también a las pirámides! Está compuesto de doce patios rodeados de muros cuyas puertas están opuestas las unas a las otras, seis al norte y seis al sur, todas contiguas. Un recinto de murallas las rodea. Los apartamentos son dobles, hay mil quinientas bajo tierra y mil quinientos encima. Yo he visto los apartamentos de encima y los he recorrido, por lo que hablo de ello con certeza y como verdadero testigo ocular.

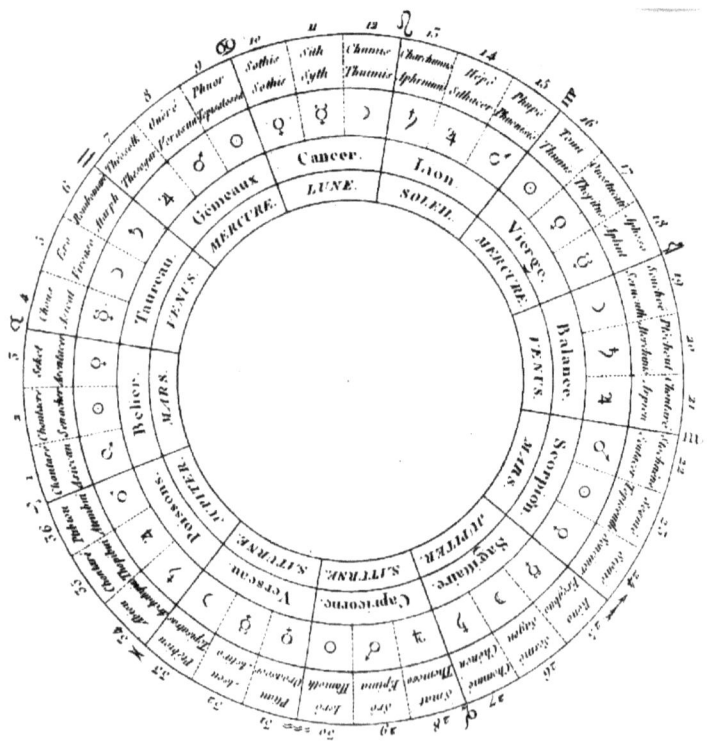

Elementos de los cáculos de las Combinaciones Matemáticas Divinas Transmitidos por Orígenes, Manilio y Fírmico.

Como podemos ver en este dibujo, la síntesis operada con los escritos de Orígenes, Manilio y Fírmico, permite hacerse una idea, aunque aproximada es una representación muy válida. Ella contiene la distribución de las Errantes, pero situa al Sol en el lugar y ubicación de la Tierra, que a su vez, es también una errante, sus casas propias está correctamente puestas, y los treinta y seis decanos indicados, que en realidad eran setenta y dos en las combinaciones egipcias, llevan aquí los nombres puestos por Orígenes: Chnoumen, Sicat, Biou... que son fonetizaciones incontestables de los jeroglíficos.

Panisferio egipcio de la Dinastía XX
Recopiado por el Padre Ath. Kircher s.j.

Pero en esta época del inicio de la cristiandad, coincidiendo además con la entrada del Sol en la constelación de Piscis, el estudio del cielo ya no interesaba más que a los adivinos y a los astrólogos. Y si ya no comprendían nada de los cálculos de configuraciones geométricas que se derivaban de los aspectos estelares, si encontraron un filón en la compilación de los textos babilónicos y caldeos copiados por los magos que habían hecho de ello un poder oculto de presión sobre la masa popular que mantenían a disposición de una religión de la que sacaban sus beneficios materiales.

Lo interesante, sin embargo, es el conjunto de las diversas representaciones zodiacales egipcias efectuadas por el padre Atanasio Kircher, un jesuita versado en los antiguos problemas astronómicos. La desgracia es que además en su tiempo, no existía la fotografía y no poseemos más que dibujos aproximados realizados según los documentos originales, desgraciadamente desaparecidos. Pero la verdad subsiste muy a pesar de las transformaciones, en particular en lo que se refiere a la Virgen, donde Iset lleva los símbolos del Renacer sobre su cabeza, las espigas de trigo y, sobre todo, encima de ella el famoso árbol de la virgen, el sicomoro.

Incluso en Dendera, en la entrada del pronaos, a izquierda y derecha, en la parte superior de los muros están grabadas las doce constelaciones zodiacales, con su escolta de barcas sobre las que navegan los Primogénitos Rescatados de los que saldrá la multitud. Están íntegramente reproducidas en el libro dedicado al templo de Dendera que cuenta esta espléndida historia rodeada de divinidad.

He aquí su representación:

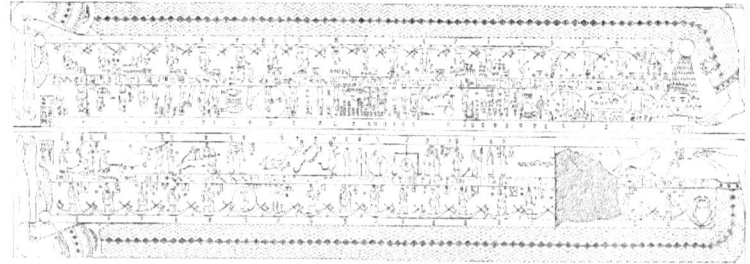

EL LIBRO DEL MÁS ALLÁ DE LA VIDA

Encima del cortejo de los Seguidores de Horus se sitúan en orden de derecha a izquierda: Capricornio (dispuesto a ser degollado por el cuchillo), Acuario (donde el Creador que tiene las dos jarras de agua quizá pueda impedir el diluvio), Piscis (entre ellos el signo del diluvio donde serán sumergidos los impíos) y Aries que gira la cabeza para intentar hacer marcha atrás y así poder evitar el desastre).

La segunda parte recortada a continuación, el León está sobre una barca y dirige innegablemente la marcha de las Doce Constelaciones. Sin embargo esta parte ha sido abundantemente martilleada en varios lugares con el fin de borrar parte de los anales, considerada por los usurpadores en el poder en cierta época como blasfemia hacia ellos. La parte borrada, como es fácil de ver, se refiere a los seguidores del León que la leyenda jeroglífica encima y debajo especifica. De esta forma, el conjunto puede ser restablecido sin demasiadas dificultades. La parte que desapareció, situada entre Leo y Libra, es obligatoriamente la de Virgo, ello se comprende ya que la reina Nut Virgen dio vida a Osiris, el Primogénito de todas las generaciones, dejando a Set el rebelde, su segundo hijo, que no era de esencia divina, fuera de la realeza.

Cada uno puede seguir la progresión de las constelaciones en su nuevo orden retrógrado, saliendo del León. La reina Nut que tiene el cielo entero bajo su cuerpo (de la que vemos sus pies arriba a la derecha y la cabeza en la reproducción anterior) tiene en los pliegues de su ropa las ocho líneas quebradas que indican la agitación cataclísmica.

Esta pequeña introducción astronómica y cosmogónica de la teología tentirita permite palpar el extremo saber de este pueblo llegado a orillas del Nilo hace cerca de 8.000 años. Es hora de acabar el estudio de esta parte del Capítulo XVII, la que permite vivir en la tierra para acceder después al reino de la eternidad: al más allá de la vida terrestre.

Es probable que algunos especialistas adelanten la famosa teología menfita cuyo origen solar está más que demostrado y que favoreció el crecimiento de los magos y adivinos, y no de los sabios, en Oriente Medio para acabar de hacer fortuna en Grecia. No olvidemos que los numerosos plagios de los griegos hicieron decir a Clemente de Alejandría:

> *Un libro de mil páginas no bastaría para enumerar los nombres de mis compatriotas que han usado y abusado del conocimiento egipcio.*

Zodíaco griego cuya mitología está claramente inspirada de la cosmogonía egipcia.

MANDAMIENTOS PARA ACCEDER AL MÁS ALLÁ DE LA VIDA TERRESTRE

El culto a los muertos, con su forma típica en la que se ha mantenido durante el período de civilización egipcia, que duró 35 siglos, ya había germinado en el tiempo de los Adoradores de Horus, mucho tiempo antes. El embalsamamiento ya se asociaba a creencias significativas: Se pensaba que los espíritus seguían viviendo más allá, en el reino que pertenecía a los que no viven más que en el Occidente.

AL. MORET (Conservador del Museo Guimet)
Histoire de l'Antiquité, tomo 2, Ed. 1914).

CAPÍTULO XVII (D)

Algo más de comprensión sobre la cosmogonía egipcia nos permite leer el último versículo que no había sido compilado:

Versículo trigésimo primero:
Hay que observar que los hijos de los nuevos cielos, que vivirán en el temor de los Mandamientos, aplaudirán el derrumbe de los altares solares, porque estos serán barridos por el Ojo-Uno, el Autor de las Parcelas. Porque ellos perecerán bajo el Sol de otra destrucción aún más terrible si las Palabras Divinas del Maestro de la Morada siguen siendo ultrajadas; a Él: Vida Eterna, Luz y Paz, Ellos ya no serán salvados.

Empecemos ahora con la parte de esta teología tentirita expresada en este capítulo XVII:

32.º versículo:

137a – He aquí el Devorador que de un solo bocado devora estos peces, estos cuerpos y estas almas vacías, no accederán jamás a la Vida Eterna, porque no han comprendido la importancia de un corazón sin manchas.

138a – Sólo una vida terrestre sin pecado es admitida por Osiris, para que un cuerpo mantenga un alma sana. Así, desde el Inicio de los

Tiempos del Corazón Humano, las Parcelas salidas de lo Increado, resurgirán del reino de Horus. EXPLICA-

139a – CIÓN: Osiris, el Toro Celeste, alabado sea él, que contempla a su Hijo en los Cielos, ve también con toda su Benevolencia LOS CORAZONES DE LOS HUMANOS temerosos, porque él es el Hijo del Muy Alto.

> Versículo trigésimo segundo:
> He aquí el Devorador que de un solo bocado devora estos peces, estos cuerpos y estas almas vacías, no accederán jamás a la Vida Eterna, porque no han comprendido la importancia de un corazón sin manchas. Sólo una vida terrestre sin pecado es admitida por Osiris, para que un cuerpo mantenga un alma sana. Así, desde el Inicio de los Tiempos del Corazón Humano, las Parcelas salidas de lo Increado, resurgirán del reino de Horus. EXPLICACIÓN: Osiris, el Toro Celeste, alabado sea él, que contempla a su Hijo en los Cielos, ve también con toda su Benevolencia LOS CORAZONES DE LOS HUMANOS temerosos, porque él es el Hijo del Muy Alto.

Ya que realizamos nuestra traducción teniendo en cuenta la concordancia entre uno o dos intérpretes, sigamos para permitir al lector tener un punto de referencia exterior que le permitirá a su pensamiento poder seguir mejor la realidad.

La envoltura carnal sin Parcela Divina es un cuerpo sin alma y sin miembros como el pescado. Es por lo que el Devorador es semejante a Satán que empuja a los impíos en las llamas del Infierno. El Devorador espera la pesada de las Almas por Thot para "tragarse" a los pecadores.

De Rougé, en 1860, situado en un erróneo versículo 28, escribe:

Ah, señor de la gran morada, salva a Osiris N. de este dios que tiene el rostro del Tesem y los párpados de un hombre, y que se nutre de los malditos y del espíritu del lago de fuego, que devora los cuerpos, vomita los corazones y los expulsa en excrementos. Él lo explica: El que devora las multitudes es su nombre, él está en el lago de Punt. El lago de fuego está en Amrutew dirección Scheni; cualquiera que llegue impuro será inmolado.

Si el jeroglífico del perro, al principio del versículo, sólo fue interpretado fonéticamente por de Rougé, es decir, Tesem (¡sic!) no hubiese habido daño mayor. Desgraciadamente el comentario que sigue al texto viene muy mal a su propósito:

El personaje de la figura de Tesem está situado por la glosa en el Pount, o la cuenca de Arabia, sólo se puede tratar del Mar

Rojo. El Tesem es un cuadrúpedo que pertenece a la raza felina, quizá un lobo Cerbero. El macho del gato doméstico esta designado por la palabra "chau".

Estamos lejos del significado anaglífico de Anubis, cuya representación con cabeza de perro era la del pesador de almas, y la del perro entero como en este versículo, donde es el devorador de *Peces*, es decir, el devorador de los sin alma.

En cuanto a Amelineau, cincuenta años después, se mantiene en el terreno de la fábula:

Salva al escriba Nebseni, justo de voz, de este dios cuyo rostro está frente al perro, y el color en color de hombre que vive de los desechados; el guardián de los repliegues del lago de fuego que devora los cuerpos, que arranca los corazones y los tira en lo que huele mal sin ser visto.
¿Qué es eso? Es el que devora los millones, es su nombre y está en una isla. Cuán cierta la isla de la llama, es la que existe para los que están en el Anadouref hacia las casas elípticas, donde los que caminan allí son desechados pero no cortados a trozos.

Aquí el autor se da por satisfecho situándose en un hipotético versículo 24, lo que demuestra que el recorte de su ilustre maestro, que lo había nombrado con el número 28, no convenía a su interpretación. Su comentario difiere sensiblemente:

Este versículo se comprende por sí mismo (¡sic!), a pesar de que algunas expresiones requieren una cierta explicación (¡re-sic!), la mención del dios que tiene rostro de perro nos lleva enseguida al mono cinocéfalo (?) pero el embrollo que sigue: "cuyo color es el color del hombre" nos detiene de golpe. La dificultad se agrava aún por la costumbre que tenían los egipcios de pintarse el cuerpo (?) en rojo para los hombres y blanco o café con leche para las mujeres, costumbre aún conservada en toda África. Pero el campo de las investigaciones está singularmente limitado por la mención del rostro del perro, y es en los colores del cinocéfalo donde se deberá buscar la solución del problema.

Además, es evidente que Amelineau no propuso posteriormente alguna solución a este problema. Porque no existe. La realidad estaba lejos de esta figuración imaginativa, y tanto mejor para nosotros, pero no es menos lamentable que eminentes egiptólogos, además altamente eruditos, se hayan dejado llevar a tales fantasías indignas de su gran saber.

Sigamos:

33.º versículo.

140a – Gracias a los Primogénitos que han seguido los Mandamientos bajo el Antiguo Sol y las órdenes del Muy Alto, preservarán a los Seguidores de convertirse más tarde en los Desechados, los rebeldes, siendo destruidos. OTRA VARIANTE: El

141a – brazo armado dando cuenta a los Asesores de la Cima, sin penetrar en Amenta. OTRA VARIANTE: El Gobernador castigará según la importancia de los crímenes que han sido cometidos. OTRA VARIANTE: Los cortadores de cabezas no esperarán ninguna

142a – piedad del Jefe, Maestro incontestado de las Dos Tierras, que sobrevuela las fronteras, porque él es la Potencia de la Vida en gérmenes en los mundos eternos donde los corazones son inmortales.

EXPLICACIÓN: La hegemonía de los seguidores de Horus de esta forma está asegurada hasta en Amenta.

> *Versículo trigésimo tercero:*
> *Gracias a los Primogénitos que han seguido los Mandamientos bajo el Antiguo Sol y las órdenes del Muy Alto, preservarán a los Seguidores de convertirse más tarde en los Desechados, los rebeldes, siendo destruidos. OTRA VARIANTE: El brazo armado dando cuenta a los Asesores de la Cima, sin penetrar en Amenta. OTRA VARIANTE: El Gobernador castigará según la importancia de los crímenes que han sido cometidos. OTRA VARIANTE: Los cortadores de cabezas no esperarán ninguna piedad del Jefe, Maestro incontestado de las Dos Tierras, que sobrevuela las fronteras, porque él es la Potencia de la Vida en gérmenes en los mundos eternos donde los corazones son inmortales. EXPLICACIÓN: La hegemonía de los seguidores de Horus de esta forma está asegurada hasta en Amenta.*

Para variar en las comparaciones vamos a coger el punto de vista de Paul Pierret, que fue el conservador del museo egipcio del Louvre, y que tradujo totalmente el *Libro de los Muertos de los Antiguos Egipcios* siguiendo el papiro de Turín y los manuscritos del museo. Este texto fue editado en 1882, se sitúa entre el de Rougé y el de Amelineau.

Aquí los párrafos no están divididos en versículos, sino en líneas y, curiosamente, a pesar de que la jeroglífica concuerda aproximadamente, la numeración difiere mucho, ya que este texto va de la línea 67 a la 69 incluidas. ¿Por qué? Sólo él podía saberlo.

> *Cualquiera que llegue impuro, será inmolado. Dicho de otro modo: Mates es su nombre, es el guardián de Amenti. Otro modo: Baba es su nombre, es el que vigila este repliegue de Amenti. Otro modo: Maestro de su papel es su nombre, oh, señor del temor en la doble tierra, señor del roho que vive de entrañas.*
> *¿Qué es eso? Es el corazón de Osiris, es el que con herida recibió la doble corona en Khemensou,*

Lo interesante es que de Rougé introdujo esta interpretación veinte años antes. El final de este pasaje situado en su versículo 29 es significativo:

> Ah, Señor de la victoria en los dos mundos. Señor del rojo sangre que se satisface de las entrañas. Salva a Osiris N. Él lo explica: Es el corazón de Osiris, es é el que está en toda inmolación, él ha recibido la doble corona a su llegada en la morada real del hijo.

El comentario de De Rougé es el siguiente:

> La relación de la explicación con la fórmula es para mí muy oscura, parece ser que la muerte violenta de Osiris sea considerada como una victoria, y la memoria de esta muerte ha sido recordada en los sacrificios sangrientos para darles una mayor fuerza expiatoria por introducción simbólica del corazón de Osiris.

Ya hemos demostrado suficientemente cuánto de esta "simbólica" [¡sic!] estaba sujeta a revisión. Una prueba suplementaria, si es que hace falta, proviene de las numerosas imágenes que decoran los manuscritos, como la que vemos precisamente retomada del papiro de Turín que nos enseña a un sacerdote de rodillas delante de Horus, bajo su forma de gavilán, con los primogénitos descendientes tras él sobre una barca Mandjit que era aún más sagrada por haber sido insumergible a la hora del cataclismo y sobre la cual navega. ¿Por qué buscar a toda costa una interpretación bárbara, sin conexión alguna de la realidad tangible de aquella civilización que construía talas prodigios a la gloria de Dios, el Dios Único.

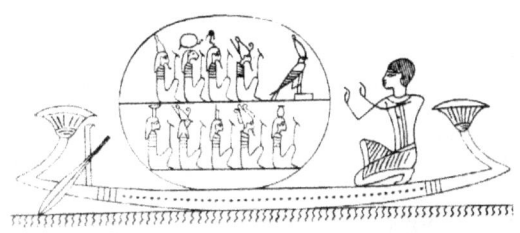

*La supremacía de los Seguidores de Horus,
es de esta forma asegurada hasta en el Amenta.*

El sacerdote está en adoración delante de su visión del Pasado, donde los Primogénitos resucitaron en el Futuro. Abajo, de derecha a izquierda: La reina Nut y su esposo Geb, después Iset, Horus, Nek-bet (Neftis). Los cinco personajes de la parte superior son, sin embargo, símbolos. Siempre de derecha a izquierda: El gavilán Horus, Osiris el Guía, Osiris el Alma del Mundo, Osiris el Nuevo Sol y Osiris la promesa del Segundo Corazón.

Aclarado esto, veamos el siguiente párrafo:

34.º versículo:

143a – LA EXPLICACIÓN del inicio es dada por el Hijo de Osiris: Yo soy el Vengador, y Destructor de los que han querido romper la Armonía que reinaba bajo la bóveda celeste en acuerdo con el Hijo regresado del Más Allá. EXPLI-

144a – CACIÓN del mismo Primogénito que añade: Elevaré a mis Seguidores sobre el Trono del Padre para que reinen bajo la bóveda celeste. Así habló el Hijo regresado del Más Allá para afirmar los mandamientos sobre las Dos Tierras

145a – cuyo Generador es el Protector. EXPLICACIÓN: Porque es en el primer día de las nuevas Combinaciones Celestes cuando Horus,

Seguidor-Puro de la Tríada Divina, hijo de Iset, la Dama del Cielo, y sucesor designado por

146a – Osiris, instauró la supremacía de los MANDAMIENTOS SOBRE LAS DOS TIERRAS, a fin de que estas Dos Tierras se mantengan unificadas para siempre.

> *Versículo trigésimo cuarto:*
> *LA EXPLICACIÓN del inicio es dada por el Hijo de Osiris: Yo soy el Vengador, y Destructor de los que han querido romper la Armonía que reinaba bajo la bóveda celeste en acuerdo con el Hijo regresado del Más Allá. EXPLICACIÓN del mismo Primogénito que añade: Elevaré a mis Seguidores sobre el Trono del Padre para que reinen bajo la bóveda celeste. Así habló el Hijo regresado del Más Allá para afirmar los mandamientos sobre las Dos Tierras cuyo Generador es el Protector. EXPLICACIÓN: Porque es en el primer día de las nuevas Combinaciones Celestes cuando Horus, Seguidor-Puro de la Tríada Divina, hijo de Iset, la Dama del Cielo, y sucesor designado por Osiris, instauró la supremacía de los MANDAMIENTOS SOBRE LAS DOS TIERRAS, a fin de que estas Dos Tierras se mantengan unificadas para siempre.*

Este pasaje nos sumerge cada vez más en el conocimiento original y será ampliamente comentado más tarde, por el momento veamos como Amelineau sigue de modo imperturbable en su idea directriz del difunto describiendo los ritos funerarios:

> *Oh, tu, al que ha sido dada la corona Ourert de la dilatación del corazón en su cualidad de príncipe de Henensouten.*
> *¿Qué es eso? En cuanto al que recibió la corona Ourert de la dilatación del corazón en su cualidad de príncipe de Henensouten, es Osiris, cuando le fue pronunciada la regencia entre los dioses en este día de reunión de las Dos Tierras delante del maestro al completo.*

¿Qué es eso? En cuanto al día en el que fue pronunciada la regencia entre los dioses, es Horus, hijo de Isis, que fue elegido regente en lugar de su padre Osiris.
¿Qué es eso? En cuanto al día de reunir las dos tierras, es la reunión de las dos tierras para la sepultura de Osiris.

Aquí las dos tierras no tienen nada que ver con las dos tierras o los dos corazones unificados para lo mejor y para lo peor en los mandamientos, siendo el primer corazón de Dios (Aha-Men Ptah convertido en Amenta), y el segundo corazón de Dios (Ath-Ka-Ptah o Egipto).

Para seguir a Amelineau más vale leer su comentario explicativo(¡!):

Como la ascensión al trono infernal no puede hacerse sin dejar el trono de la tierra, la realeza de Osiris en los Infiernos comportaba por consecuencia directa la ascensión de Horus, hijos de Osiris, al trono. Ello se llamaba en Egipto, reunir los dos países, el del mediodía y el del norte y los dos países reunidos para la inauguración de un nuevo reino, también lo fueron para el entierro del rey anterior. El entierro también era llamado así, y no únicamente por el motivo que vengo de explicar, sino porque depositar un cuerpo en la tierra es reunirlo con la tierra, a la tierra terrestre en primer lugar donde se mantiene, y después a la tierra infernal donde se crea, así, una imagen. Aquí hay un juego de palabras y este juego se trasladó a la lengua funeraria de Egipto.

Hoy parece realmente extraño que tal crédito haya sido acordado, a principio de siglo, a tal verborrea, pero aún más sorprendente es que un erudito de la categoría de Amelineau haya escrito esto y creído firmemente lo que escribió.

Es muy difícil imaginar esta ardua lucha que duró milenios entre los adoradores del sol y los seguidores de Horus y que no haya representado el más mínimo enigma para todos estos sabios, por tanto es preferible considerar el trabajo que han realizado sobre este capítulo XVII como un juego de espíritu más que como un trabajo erudito.

EL LIBRO DEL MÁS ALLÁ DE LA VIDA

Yo elevaré a mis seguidores sobre el trono del Padre.

El comentario de Pierret, por citar otro, es la prueba de ello:

La fuerza solar pone el cielo arriba y la tierra abajo, el triunfo del caos y el astro mantiene su amanecer en el orden cósmico. Horus, hijo de Ra, simboliza aquí la succesion del sol a él mismo, la sustitución del Mañana al Ayer, el triunfo del día sobre la noche: Osiris es el sol muerto y sepultado entrado en Amenti.

Es inútil epilogar sobre esta sorprendente cosmogonía. Pasamos, pues, a la línea siguiente donde el escriba Nebseni cede su lugar al escriba Ani, los caracteres jeroglíficos concuerdan de nuevo en la continuación del texto, así, el pasaje que presentaba un hueco se ha visto perfectamente restablecido en el fondo, si no en la forma. Naturalmente, los diversos autores no hacen la distinción a pesar de que la mayoría han bebido de esas fuentes.

35.º versículo (fin de la línea 146a)

146a – Bajo el Cetro de Osiris, Guía para el ascenso a la Vida Eterna en el Más Allá Terrestre, todas las Parcelas Divinas

147a – dominarán un cielo sereno y sano, la EXPLICACIÓN simple desean que los Hijos del Sol hagan sus alegaciones acerca de los Defensores del Orden establecido.

De esta forma se acaba lo que se ha intercalado y que corresponde a la parte que faltaba. A partir de ahora el escriba Ani retoma la pluma para acabar este versículo sobre un papiro más estrecho donde la línea, siendo más corta, permite al texto ser seguido. Tenemos, incluso, su retrato, porque varios dibujos decorativos de este texto en las hojas 3 y 4 del documento 10.470 del museo Británico de Londres, vemos al escriba Ani presentando sus ofrendas:

El escriba Ani

148 – Los rebeldes entonces volverán a vivir, y el Primer Corazón los hará Hijos, como los del principio de los Tiempos, donde los corazones no son más que uno con Él.

149 – La expiación llegará entonces a su fin, bajo el nuevo cielo reencontrado después del atraque de la barca divina y sus seguidores,

150 – como garantes del Segundo Corazón. EXPLICACIÓN: Son ellos los seguidores de Horus. OTRA VARIANTE: El Toro ha vencido al Rebelde,

151 – a fin de que el Valiente Primogénito otorgue Vida a todos los Rescatados de las barcas que los salvaron, las Insumergibles.

Bajo del Cetro de Osiris, Guía para El ascenso a la Vida Eterna.

Versículo trigésimo quinto:
Bajo el Cetro de Osiris, Guía para el ascenso a la Vida Eterna en el Más Allá Terrestre, todas las Parcelas Divinas dominarán un cielo sereno y sano, la EXPLICACIÓN simple, desean que los Hijos del Sol hagan sus alegaciones acerca de los Defensores del Orden establecido. Los rebeldes entonces volverán a vivir, y el Primer Corazón los hará Hijos, como los del principio de los Tiempos, donde los corazones no son más que uno con Él. La expiación llegará entonces a su fin, bajo el nuevo

cielo reencontrado después del atraque de la barca divina y sus seguidores, como garantes del Segundo Corazón. *EXPLICACIÓN: Son ellos los seguidores de Horus. OTRA VARIANTE: El Toro ha vencido al Rebelde, a fin de que el Valiente Primogénito otorgue Vida a todos los Rescatados de las barcas que los salvaron, las Insumergibles.*

El jeroglífico de lo insumergible podría fonetizarse por *Mandjit*, esta barca se convirtió en sagrada a lo largo de los milenios y fue venerada como tal, porque no solamente salvó a la tríada divina, sino también a todos los rescatados del cataclismo que, sin ellas, se hubieran hundido definitivamente como la tierra sobre la que habían vivido. Estas Mandjit habían sido estudiadas por los arquitectos del primer corazón para resistir la mayor intemperie y, de hecho, jugaron bien su papel con los que confiaron en ellas dejando una tierra impía dedicada a la destrucción. De ahí esta serie de metáforas en el texto del escriba, totalmente comprensible para las poblaciones que vivían en esa época.

A partir de este pasaje, los autores que se sienten cada vez más comprometidos por sus propias deducciones, no siguen para nada las prescripciones del escriba como *explicación, otra variante, otro modo,* etc. Amelineau, además, agrupa los siete últimos versículos en dos párrafos que en este laberinto epistolar se convierte en algo totalmente incomprensible, de Rougé sufrió este tormento como los demás, se quedó con dos largas líneas. La última tiene una posible concordancia. Hela aquí:

El que da Is existencia y destruye los males, el que dispone del curso de los tiempos. Él lo explica: Es el mismo dios Ra. Salva a Osiris N. de este dios que atrapa las almas, devora los corazones, se alimenta de cadáveres y aterroriza a los débiles. Él lo explica: Es Set. Otro modo, el ejecutor es Horus que es el hijo de Sev.

La de Amelineau es aún más delirante, ya que se refiere al escriba Nebseni, cuyo texto difiere totalmente:

Oh, alma viva que da las Imágenes, que destroza a los pecadores, que guía el camino del siglo. ¿Qué es eso? Es el mismo Ra. Salva el alma del escriba Nebseni de la mano de este dios que se apodera de las almas, que quema los corazones, que vive de la corrupción, al que temen los que están en la debilidad. ¿Qué es eso? Es Soudi. Otro decir: Es el toro, la Gran Víctima, el alma de Seb.

Este autor, del que ya no podemos seguir el hilo conductor, emite sin embargo un comentario "mitológico" que el lector debe apreciar por él mismo:

El dios de que se trata quí, que temen los que están en la debilidad, no es más que el mismo Sokaris, muerto y divinizado. Sin embargo, el difunto dice que es Soudi, o Set, y el alma de Seb, el toro. Que sea Sokaris, Set o el toro-alma de Seb, se ve con claridad [¡sic!] el papel malvado del dios que atrapa a sus enemigos, los quema y los cuece para devorarlos. Es un detalle a añadir a las numerosas alusiones a los actos de canibalismo encontrados a lo largo de este capítulo y puestos en la cuenta de genios malvados: Aquí podemos de ver sin temor a equivocarse que todo dios, es decir, todo protector tenía en parte un doble papel, proteger a los que le agradaban y matar a los que le desagradaban.

En este dédalo de nombres de dioses, donde a la vez se sustituyen y confunden unos con otros, es conveniente nombrar una categoría de sabios diferente que de alguna forma se volcaron sobre este problema basándose en documentos más recientes escritos en copto. Citemos F. de Saulcy que tradujo en 1848 un manuscrito copto, recopiado de la jeroglífica, incluyendo varias designaciones en la apelación de Amón, el dios carnero que nació de un nuevo cisma en la 18.ª dinastía con la toma del cetro por un usurpador rebelde que restableció a los adoradores del sol. Su traducción, ya que de esto se trata en copto, es significativa por el malestar de los escribas de esta época reciente que data del siglo II de nuestra era:

Amon es el justo título del dios más grande en la tierra de Egipto, y todos los habitantes de Egipto lo han adorado en la ciudad de Tebas, y esta ciudad tomó el nombre de este dios. Y los hombres lo llamaron el lugar de Amón, que es el creador de la fuerza y el tiempo, el jefe y el rey de la eternidad: El inmortal, la causa de la manifestación, el autor de la vida y de la muerte. Amón está en todo lugar y ningún lugar lo contiene.

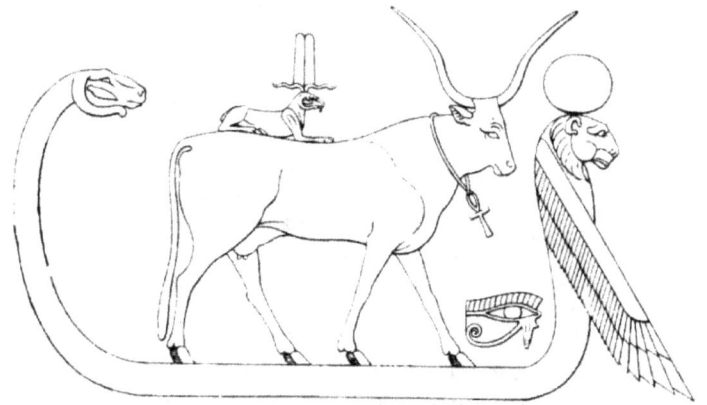

El León en su nueva navegación celeste lleva a Osiris, el Toro, el que guía al Carnero-Amon hacia su reposo eterno.
(Escena vista por un escriba Adorador del Sol).

¿A qué tipo de escrito se refería este pasaje en copto? Es difícil situarlo en el tiempo, con mucha probabilidad es de un sacerdote del sol, que tomando el texto original de una documento de la 12ª dinastía, consagrado a Ptah, y del cual modificó la esencia de la divinidad a beneficio de Amon. Para comprender mejor este antagonismo latente que desafió los siglos y milenios, he aquí la versión tomada de un texto de la misma época, escrito por un escriba de Osiris en el que no hay ningún carnero y en el que el Toro Celeste está alabado millones de veces por todos sus descendientes que han formado la multitud infinita. Es evidente que si Nut, la dama del cielo, era la Vaca Celeste preconizada por Amon-Ra, y era normal ya que ella también era la madre de Usit (convertido en Set), es el Toro Celeste el que se mantiene como el símbolo de Ptah, ya que Osiris fue su hijo.

Esta negación celeste es sin duda de la era de Tauro, cuyo sol sobre su barca, arriba de la pata, velará sobre las Dos Tierras y los Descendientes de los Dos Hermanos durante al menos dos milenios, hasta que alcance en su retroceso, la parte superior del muslo trasero donde navega la barca que lleva a Osiris.

Volvamos al papiro de Ani:

36.º versículo (fin de la línea 151)

151 – Los que repoblaron, EN LA PAZ DEL HIJO

152 – las tierras habitables, LOS DESCENDIENTES MENORES, COMO LOS DEMÁS, BUSCARÁN VIVIR EN LA ARMONÍA

EL LIBRO DEL MÁS ALLÁ DE LA VIDA

153 – deseada con la Ley del Observador a fin de seguir sus Mandamientos. Los seguidores, como los rebeldes, olvidaron sus luchas

154 – durante un tiempo que los Anales aseguran muy largo. Y la Gran Sala de Espera de Clasificación de las Almas está preparada para recibirles.

155 – El Mediador y sus Asesores están sentados como fieles árbitros esperando su llegada para decidir que los Hijos del Asesino

156 – no puedan vivir más que bajo la Benevolencia del Observador y de sus Órdenes Divinas.

> Versículo trigésimo sexto:
> Los que repoblaron, EN LA PAZ DEL HIJO las tierras habitables, LOS DESCENDIENTES MENORES, COMO LOS DEMÁS, BUSCARÁN VIVIR EN LA ARMONÍA deseada con la Ley del Observador a fin de seguir sus Mandamientos. Los seguidores, como los rebeldes, olvidaron sus luchas durante un tiempo que los Anales aseguran muy largo. Y la Gran Sala de Espera de

Clasificación de las Almas está preparada para recibirles. El Mediador y sus Asesores están sentados como fieles árbitros esperando su llegada para decidir que los Hijos del Asesino no puedan vivir más que bajo la Benevolencia del Observador y de sus Órdenes Divinas.

Este pasaje, como los siguientes, claramente ha inspirado la cronología que ha sido adoptada para la narración de los dos primeros tomos de la serie *L'Eternité n'appartient qu'à Dieu*, (La Eternidad sólo pertenece a Dios). Por supuesto ha sido necesario desentramar continuamente las apelaciones, todas sutiles, para restablecerlas en contexto claro. Pero ha sido bueno aquí ver y conservar los nombres deseados por el escriba para llamar a Dios bajo sus miles de formas:

 el Observador

 el Mediador

 los hijos del Asesino. Los hijos del que nunca ha podido acceder a las Moradas Celestes. Dicho de otro modo, Sit, Seth o Typhon en griego.

El párrafo siguiente es aún más preciso:

37.º versículo (fin de la línea 156)

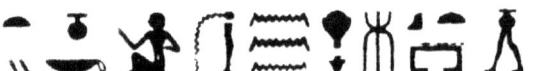

156 – ASÍ LA ABOMINACIÓN DE LA DESOLACIÓN CATACLÍSMICA

157 – NO HARÁ HUIR MÁS AL PUEBLO ATERRORIZADO, TALES FUERON LAS PALABRAS CELESTES después de que los Dos Hermanos se hubiesen matado entre ellos

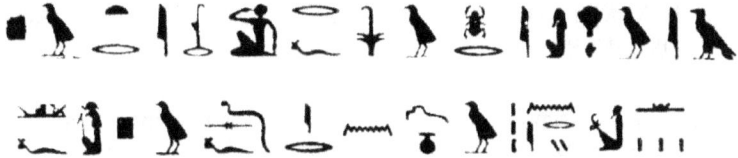

158 – EXPLICACIÓN: La vida recomenzará desde entonces, bajo la nueva navegación de un Sol renaciente; Y LOS MENORES VOLVERÁN A ENCONTRAR SUS ALMAS

159 – y sus vidas bajo la alta protección de los numerosos hijos de Iset y de Nekbet ELLOS RETOMARON SUS IMÁGENES DIVINAS

160 – a fin de que las nuevas generaciones se perpetúen. ASI FUERON PURIFICADOS LOS SUPERVIVIENTES DEL CATACLISMO VENIDO DE LA BÓVEDA CELESTE para que realicen las

161 – ÓRDENES transmitidas desde el Origen por Osiris.

Versículo trigésimo séptimo:
ASÍ LA ABOMINACIÓN DE LA DESOLACIÓN CATACLÍSMICA NO HARÁ HUIR MÁS AL PUEBLO ATERRORIZADO, TALES FUERON LAS PALABRAS CELESTES después de que los Dos Hermanos se hubiesen matado entre ellos EXPLICACIÓN: La vida recomenzará desde entonces, bajo la nueva navegación de un Sol renaciente; Y LOS MENORES VOLVERÁN A ENCONTRAR SUS ALMAS y sus vidas bajo la alta protección

de los numerosos hijos de Iset y de Nekbet ELLOS RETOMARON SUS IMÁGENES DIVINAS a fin de que las nuevas generaciones se perpetúen. ASÍ FUERON PURIFICADOS LOS SUPERVIVIENTES DEL CATACLISMO VENIDO DE LA BÓVEDA CELESTE para que realicen las ÓRDENES transmitidas desde el Origen por Osiris.

La historia es simple. Los hijos de Iset, llevados por Horus, fueron los primeros Per-Aha, los descendientes del primogénito, mientras que los de Nek-Bet (la Neftis de los griegos) fueron los primeros pontífices, Maestros del Número y la Medida, de esta forma se pudieron realizar las órdenes divinas para recrear la multitud en una segunda patria, un segundo corazón de dios, Ath-Ka-Ptah (que devino a Egipto en griego). Sin embargo el olvido y el mito borraron las cartas con la invasión de Cambises en el 525 a.C., entonces no quedó más que Ka-Ptah, la Copta griega, que permitió a los coptos transmitir el estandarte del monoteísmo a la era cristiana.

38.º versículo (fin de la línea 161)

161 – ASÍ VIVIERON BAJO LA BÓVEDA CELESTE, EN LA OBSERVACIÓN DE LAS COMBINACIONES MATEMÁTICAS, ENGENDRADAS POR EL VERBO DIVINO

162 – Y SUS IMPORTANTES MANDAMIENTOS, LOS GEMELOS, ESTOS DESCENDIENTES DE LOS DOS HERMANOS GRACIAS A OSIRIS. OTRA VARIANTE: Así la bóveda celeste y sus Combinaciones importantes, para convertirse bajo el cielo

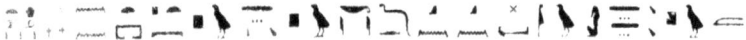

163 – en los importantes mandamientos transmitidos por los Gemelos, agruparon las Vidas de los Descendientes, estos hijos de los

Dos Hermanos bajo una misma atención benefactora. OTRA VARIANTE de los Dos Hijos de las Dos Tierras

164 – nacidos en la segunda tierra: Así, LA BÓVEDA CELESTE FUE EL REFLEJO DE LAS COMBINACIONES IMPORTANTES DE ARRIBA, DESEADAS POR LA PALABRA DIVINA Y LOS MENORES DE LOS DOS HERMANOS, ASÍ,

165 – frente a la importancia de los Mandamientos ellos se hicieron Gemelos para Osiris. Es por lo que después de la Destrucción deseada por las Combinaciones Divinas para permitir el acceso a la Morada, el Antiguo León

166 – se volvió, la Palabra ordenó a su parte delantera estar detrás.

Versículo trigésimo octavo:
ASÍ VIVIERON BAJO LA BÓVEDA CELESTE, EN LA OBSERVACIÓN DE LAS COMBINACIONES MATEMÁTICAS, ENGENDRADAS POR EL VERBO DIVINO Y SUS IMPORTANTES MANDAMIENTOS, LOS GEMELOS, ESTOS DESCENDIENTES DE LOS DOS HERMANOS GRACIAS A OSIRIS. OTRA VARIANTE: *Así la bóveda celeste y sus importantes Combinaciones, para convertirse bajo el cielo en los importantes mandamientos transmitidos por los Gemelos, agruparon las Vidas de los Descendientes, estos hijos de los Dos Hermanos, bajo una misma atención benefactora.* OTRA VARIANTE *de los Dos Hijos de las Dos Tierras nacidos en la segunda tierra:* Así, LA BÓVEDA CELESTE FUE EL REFLEJO DE LAS IMPORTANTES COMBINACIONES DE ARRIBA, DESEADAS POR LA PALABRA DIVINA Y LOS MENORES DE LOS DOS HERMANOS, ASÍ, *frente a la importancia de los*

Mandamientos ellos se hicieron Gemelos para Osiris. Es por lo que después de la Destrucción deseada por las Combinaciones Divinas para permitir el acceso a la Morada, el Antiguo León se volvió, la Palabra ordenó a su parte delantera estar detrás.

"*Y los Menores de los Dos Hermanos Se hicieron Gemelos para Osiris*".

Es interesante de reseñar que sobre el dibujo extraído del papiro de Ani en la hoja 3, con el n.º 10470 en el museo Británico de Londres, el escriba figura él mismo con su atuendo de gala seguido por su esposa, siendo ella una descendiente de los adoradores del sol. ¿Ani la había escogido para conciliarse sus maestros usurpadores, o la quería realmente? No se puede deducir por este documento. Pero ambos están representados en la última sala a la espera del juicio final. Ambos encogen los hombros y son verdaderamente los menores de los dos hermanos enemigos, pero que se hacen *Gemelos*, es decir, hermanos de un mismo padre y una misma madre para presentarse delante de Osiris.

Como meditación anexa se puede admirar la calidad de la ropa y de las joyas de la esposa, que se remontan a cuatro mil años. Sin embargo, en esta época ¿cómo vivíamos nosotros que nos consideramos civilizaciones avanzadas?

Volvamos a la explicación de este versículo tan importante que merece una explicación desde el punto de vista astronómico referente a la constelación de Leo, porque manifiestamente se trata de una explicación referente al cambio más importante de las configuraciones astrales de nuestro cielo. Y viene después de un párrafo escrito casi totalmente en rojo, lo que demuestra la extrema importancia del texto, escondiendo a la vez el final de la línea, no para disminuir su alcance, sino por un cierto temor instintivo de describir los efectos.

Durante el Gran Cataclismo, ocurrido el 27 de julio de 9792 a.C., para lo que los nativos llaman el *León*, donde el sol durante su periplo anual mora alrededor de treinta días, pero el sol avanzaba también precesionalmente (durante más de dos mil años) delante de la constelación de Leo, la tierra basculó sobre su eje y como escribió Herodoto *el Sol cayó en el mar*. Esto no es más que en apariencia, ya que nuestro astro del día está fijo. Fue, pues, nuestro globo que giró sobre él mismo e hizo aparecer, desde ese día memorable, al sol retrocediendo en el espacio, cosa que aún hoy sigue haciendo.

Aclarada la explicación del escriba Ani, que no era engorrosa para él ni para cualquiera que viviese en esa época, ya que se comprendía con facilidad, examinémosla en detalle:

⌑ *Es por lo que después*. La frase se inicia aquí por el jeroglífico de una ubicación que tomará todo su sentido con la continuación de la explicación, ya que será reproducido más tarde. En nuestros conceptos gramaticales es más corto empezar de la forma que hemos decidido.

de la Destrucción. Este signo ya apareció con la misma forma en la primera parte de este libro y sigue manteniendo el mismo significado.

deseada por. Del verbo desear/querer en el sentido sagrado.

las Combinaciones Matemáticas Divinas. Jeroglífico que define el conjunto de las configuraciones astrales que predestinan la Humanidad.

para permitir. No hay nada que añadir sobre este verbo.

el acceso. Aquí encontramos el primer signo que determinó la frase "en sus diversas moradas".

a la Morada. Aquí la "Gran" Morada de lo Alto.

 el Antiguo León. La explicación astronómica aparece con los dos leones que se siguen en la escritura de Ani. El primero siendo, pues, el antiguo.

 se volvió. El segundo, idéntico en su dibujo, muestra que se trata del mismo, y sin embargo la continuación del texto indica que significa el contrario.

la Palabra. Este signo ya se ha explicado ampliamente.

ordenó. La orden divina está insuflada en el alma.

EL LIBRO DEL MÁS ALLÁ DE LA VIDA

⌂

~~~ *a su parte delantera*. Del verbo avanzar y el orden ha hecho de la parte delantera, la trasera.

🐾 *estar detrás*. El cuarto trasero del León demuestra el giro de casi 180° de la apariencia del cielo en Leo, de ahí este temor que la cólera divina reprodujera de nuevo una tal catástrofe por falta de piedad.

Esto demuestra ampliamente el corto versículo siguiente, en el cual Ani subraya la potencia e importancia del VERBO.

39.º versículo (fin de la línea 166)

166 – La importancia de las Palabras ordena a los habitantes del país. Esta IMPORTANCIA DEL VERBO perpetúa la vida y lo que le es propio para determinar el Final.

167 – Así escribió Ani el Escriba, Descendiente de los Sacerdotes Sirvientes del Primogénito, a las órdenes de la voluntad del Uno-Primordial.

> *Versículo vigésimo noveno:*
> *La importancia de las Palabras ordena a los habitantes del país. Esta IMPORTANCIA DEL VERBO perpetúa la vida y lo que le es propio para determinar el Final. Así escribió Ani el Escriba, Descendiente de los Sacerdotes Sirvientes del Primogénito, a las órdenes de la voluntad del Uno-Primordial.*

El escriba llega al final del texto que ha recopiado y declina todas sus cualidades a la obediencia de Ptah por la intermediación de Osiris y sus seguidores, personificados por Horus, el simbólico gavilán.

[Imagen de papiro egipcio con figura conducida por Horus]

En la hoja nº 4 se ha hecho representar llevado por Horus hacia la Sala del Juicio Final donde su alma será pesada con toda equidad.

40.º versículo

[jeroglíficos]

168 – Él no obedece como Fiel más que las órdenes del nuevo León definido por Dios, en el cual el Sol fija los destinos de las Parcelas pero donde se encuentra el recuerdo constante del sacrificio de Iset bajo el antiguo León. OTRA VARIANTE SOBRE LOS

[jeroglíficos]

EL LIBRO DEL MÁS ALLÁ DE LA VIDA

169 – DESTINOS FIJADOS POR EL OBSERVADOR DESPUÉS DE LA RENOVACIÓN: ELLOS HAN PERMITIDO LA LLEGADA AL SEGUNDO REINO DE DIOS PARA SUS MENORES. Así escribe Ani según los Archivos de Iset la Bienaventurada.

170 – Así, todos los Hijos vivieron en paz en el Orden, las Cabelleras Rebeldes se mezclaron a las Cabelleras de los Seguidores en las Dos Tierras unificadas. Así los Cuatro salidos de la Madre no procrearon en vano.

171 – Así, la buena Profetisa no anunció el sufrimiento a unos ciegos ni tampoco la alegría. Guiados hacia la Luz, los Nativos y los Redimidos de los Dos Clanes repoblaron la inmensidad.

> *Versículo cuadragésimo:*
> *Él no obedece como Fiel más que las órdenes del nuevo León definido por Dios, en el cual el Sol fija los destinos de las Parcelas, pero donde se encuentra el recuerdo constante del sacrificio de Iset bajo el antiguo León.* OTRA VARIANTE SOBRE LOS DESTINOS FIJADOS POR EL OBSERVADOR DESPUÉS DE LA RENOVACIÓN: ELLOS HAN PERMITIDO LA LLEGADA AL SEGUNDO REINO DE DIOS PARA SUS MENORES. *Así escribe Ani según los Archivos de Iset la Bienaventurada. Así, todos los Hijos vivieron en paz en el Orden, las Cabelleras Rebeldes se mezclaron a las Cabelleras de los Seguidores en las Dos Tierras unificadas. Así los Cuatro salidos de la Madre no procrearon en vano. Así, la buena Profetisa no anunció el sufrimiento a unos ciegos ni tampoco la alegría. Guiados hacia la Luz, los Nativos y los Redimidos de los Dos Clanes repoblaron la inmensidad.*

La conclusión de este capítulo esencial empieza aquí: nos recuerda los acontecimientos que se produjeron en el primer corazón y que determinaron su destrucción por la cólera divina. Dios posee las almas, o las parcelas, de las que fija el destino en la tierra gracias a las grandes líneas definidas por la trama de las doce. El buen hacer del Creador hacia sus criaturas supervivientes gracias a la abnegación de Iset, permitió la creación del segundo corazón para los menores de los primogénitos: Ath-Ka-Ptah.

La evidencia que saltó a los ojos de los eruditos de la época es que para evitar la renovación de tal cataclismo, se debía forzosamente restablecer la ley Celeste y los mandamientos que se derivaban. Si tal temor no fuese inspirado al pueblo habría una segunda muerte para todos, aún peor que la primera, ya que esta vez las almas también morirán.

Por ello Ani se molestó tanto en copiar todas las variantes de los originales que poseía, lo que permite comprender mejor la iconografía de la *Pesada de las Almas en la Sala del Juicio Final* recopiada en miles de lugares, tumbas, monumentos y papiros como en el libreto n.º 4 del papiro de Ani.

41.º versículo:

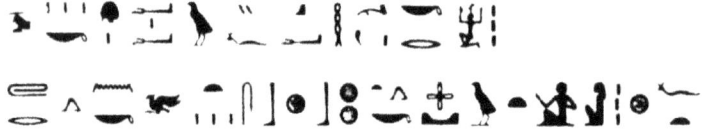

172 – Todos los brazos de este Corazón, bendito sea, se elevarán por encima de los latidos de los corazones, para seguir el importante Decreto del que nada quedó oculto, los hechos determinantes son desvelados a la luz del gran día.

173 – Diez mil años de combates fraticidas, ahogando al primer León, llenaron de temor los espíritus ya avisados, a fin de que sus brazos sólo se armen de valentía para construir un REINO-UNO en el CORAZÓN-DOS para todos sus Hijos.

Ani está aquí de pie, pero muerto, como sacado de su sarcófago (que está encima de su cabeza) para asistir a la Pesada de su Alma sobre la bandeja izquierda de la balanza, junto a la cual están las Dos Divinas, Iset y Nek-Bet dispuestas a influenciar si no hubiese más algunos pecados veniales. Para ambas, Ani es Puro, ya que se representa como pájaro en la Morada Celeste encima de sus rostros. Sobre la bandeja de la derecha está la pluma de avestruz, cuya ligereza simboliza la pureza de un alma. Anepu (Anubis) vigila la regularidad de la pesada, dispuesto a dar el Alma para ser tragada por el Devorador si pesa demasiado.

174 – Los Mandamientos sobrevolaron los milenios y el Gavilán se fundió en el Gran-Espíritu-Uno, pero los Decretos volvieron a la

superficie para que los Hijos de los Clanes se mantengan temerosos para acceder al Más Allá de la Vida como Bienaventurados.

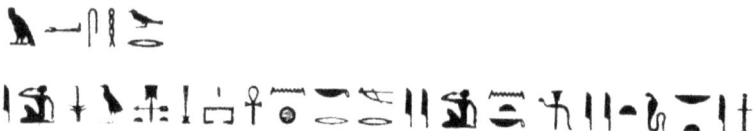

175 – En verdad, esto se dice con fuerza: El Resucitado de la Piel los acogerá en la Morada Eterna como Conscientes y no como Redimidos. Arriba, ellos volverán a vivir cerca de su Madre, donde él es siempre el Corazón Amado: El Primero.

> Versículo cuadragésimo primero:
> Todos los brazos de este Corazón, bendito sea, se elevarán por encima de los latidos de los corazones, para seguir el importante Decreto del que nada quedó oculto, los hechos determinantes son desvelados a la luz del gran día. Diez mil años de combates fraticidas, ahogando al primer León, llenaron de temor los espíritus ya avisados, a fin de que sus brazos sólo se armen de valentía para construir un REINO-UNO en el CORAZÓN-DOS para todos sus Hijos. Los Mandamientos sobrevolaron los milenios y el Gavilán se fundió en el Gran-Espíritu-Uno, pero los Decretos volvieron a la superficie para que los Hijos de los Clanes se mantengan temerosos para acceder al Más Allá de la Vida como Bienaventurados. En verdad, esto se dice con fuerza: El Resucitado de la Piel los acogerá en la Morada Eterna como Conscientes y no como Redimidos. Arriba, ellos volverán a vivir cerca de su Madre, donde él es siempre el Corazón Amado: El Primero.

En este antepenúltimo versículo el escriba de Osiris intenta compilar en una síntesis teológica el conocimiento que tiene en su posesión. Él mismo siente que los usurpadores en el poder, si mantienen su obra de destrucción religiosa en beneficios de los adoradores del sol, podría ser en efecto la destrucción del segundo corazón.

La ley y sus mandamientos deben reaparecer urgentemente al igual que el temor que son capaces de inspirar para que la paz renazca tanto en la tierra como en el cielo, ya que para Ani no se trata de comprometerse en una lucha abierta en la que sería perdedor, sino en una batalla ideológica donde las almas serían reducidas a cenizas si persistían en su impiedad. De ahí las múltiples imágenes incluidas en el texto de Ani, cuyos extractos se ven en estas páginas formando parte del libreto 3 y 4 de Ani que vemos aquí:

42.º versículo:

176 – La dominación de Osiris sobre las cosas y los seres es eterna como su Nombre. EXPLICACIÓN: Los seguidores de Horus, nacidos de todas las transformaciones sucesivas del Siempre Vivo,

177 – penetraron de esta forma en la Realidad según los anuncios predichos por Nek-Bet, sabiendo que el Reino de los Cielos sería perdido para siempre para los que protegían a los descendientes de los rebeldes del Sol.

178 – OTRA VARIANTE: La desolación cataclísmica nunca se ha iniciado en la Gran Morada. POR ELLO TODOS ELLOS ESTÁN EN ADORACIÓN frente al Primogénito, el Generador Bien-Amado, OTRA VARIANTE de la adoración: El Generador Bien-Amado,

179 – fielmente secundado por el Sol, UNIRÁ LAS CABELLERAS DE LOS ANTIGUOS CON LAS DE LOS NUEVOS sobre las Dos Tierras. Y desde lo alto de los cielos, todos los Primogénitos de Nut contemplarán sus progenituras recibiendo los dones

180 – y los beneficios celestes sobre las cabelleras unidas. ASÍ, todos los hijos de Dios se beneficiarán de las ventajas dispensadas a los nativos del Segundo-Corazón, prosperando y multiplicándose bajo un Sol revivificado eternamente.

Versículo cuadragésimo segundo:
La dominación de Osiris sobre las cosas y los seres es eterna como su Nombre. EXPLICACIÓN: Los seguidores de Horus, nacidos de todas las transformaciones sucesivas del Siempre Vivo, penetraron de esta forma en la Realidad según los anuncios predichos por Nek-Bet, sabiendo que el Reino de los Cielos sería perdido para siempre para los que protegían a los descendientes de los rebeldes del Sol. OTRA VARIANTE: La desolación cataclísmica nunca se ha iniciado en la Gran Morada. POR ELLO TODOS ELLOS ESTÁN EN ADORACIÓN frente al Primogénito, el Generador BienAmado, OTRA VARIANTE de la adoración: El Generador Bien-Amado, fielmente secundado por el Sol, UNIRÁ LAS CABELLERAS DE LOS ANTIGUOS CON LAS DE LOS NUEVOS sobre las Dos Tierras. Y desde lo alto de los cielos, todos los Primogénitos de Nut contemplarán sus progenituras recibiendo los dones y los beneficios celestes sobre las cabelleras unidas. ASÍ, todos los hijos de Dios se beneficiarán de las ventajas dispensadas a los nativos del Segundo-Corazón, prosperando y multiplicándose bajo un Sol revivificado eternamente.

Con este versículo 42 se acaba el capítulo XVII, traducido casi literalmente de los papiros de Ani y Nebseni. Será muy fácil para un simple curioso encontrar el léxico completo de la jeroglífica en estas decenas de miles de caracteres explicados aquí. La conservación del espíritu del texto se ha hecho sin añadido alguno, a fin de que la grandeza cosmogónica de esta teología de Dendera no sea deformada. No debemos olvidar que ésta nos llega de una época tan antigua como el principio del hombre pensante. Quizás por ello, esto sea una excusa para los autores intérpretes que rechazaron ver en aquellos tiempos unas almas susceptibles de tener pensamientos altamente espirituales y más desarrollados que los suyos propios.

Antes de añadir mis propios comentarios sobre esta conclusión del escriba veamos el último párrafo interpretado por De Rougé que contiene los versículos 36 a 42 del texto de Ani, lo que explica su longitud, helo aquí reproducido íntegramente:

Oh, dios escarabajo en su barca, el que cuya substancia existe por ella misma. Otro modo: Eternamente salva a Osiris N. de estos guardianes astutos a quienes el señor de los espíritus confió la vigilancia de sus enemigos, a quien los libró para inmolarlos en lugar de aniquilarlos; bajo la guardia de los cuales nadie puede escapar. Que yo no caiga bajo sus espadas, que no entre en su carnicería, que no me detenga en sus moradas, que no caiga bajo su yugo, que no descanse en sus redes, que no me sea hecho nada de lo que los dioses odian. Porque soy un príncipe en la gran sala, el Osiris N., el justificado, el que pasó puro en el Mesek, el que ha dado la materia de la multitud en Ta-nen.
Él lo explica: El dios escarabajo que está en su barca, es el dios Ra, el mismo Harem-Achou. Los guardianes hábiles son los monos Benne; es Isis y es Neftis. Las cosas que odian los dioses, es la suma de su malicia. El que ha pasado puro en el Mesek es Anubis, que está detrás del cofre que contiene las entrañas de Osiris. El que ha dado la materia a la multitud en Ta-nen es Osiris. Dicho de otro modo: La materia de la multitud en Ta-nen, es el cielo, es la tierra. Otro modo: Es la victoria de Schou sobre los dos mundos en Ha-souten-senen. La multitud es el ojo de Horus. El lugar de Ta-nen es el lugar de reunión de Osiris.

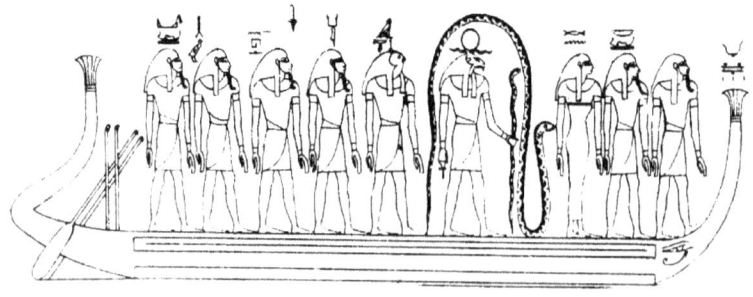

En la parte delantera de la Mandjit está Nek-bet que lleva a Osiris (con una embarcación encima de su cabeza) y su doble hacia los lugares de su Resurrección. En el centro, Set, el asesino está encarcelado en el repliegue de su maldad mientras que detrás, Horus y sus Seguidores esperan el atraque en Ta-Mana.

Atoum construye tu casa, los dos leones funden tu morada. Ellos corren, ellos corren, Horus te purifica, Set te renueva a su vez, Osiris N. viene a este mundo, él ha retomado sus piernas, él es Toum y él está en su país. Detrás: León luminoso que está en el extremo retrocede frente al valor de Osiris, se esconde con cautela y no es percibido por los guardianes. Osiris N. el justificado retrocede frente al valor de Osiris. Osiris N. es el mismo Isis, tú observas que él ha desplegado su cabellera sobre él mismo. Él ha alcanzado el final de su camino. Dicho de otro modo: Su meta. Isis lo concbió, Neftis lo alimentó. La victoria es mía, la valentía está en mis manos, yo toco aquellos cuyos brazos son múltiples, yo me acerco a los dos hombres y rechazo los hijos de tus enemigos. Yo cazo a los que han ennegrecido sus brazos, yo recibo a los dos hermanos de la palma. Yo produzco los habitantes del Ker y del An, Yo vivo según mis deseos: Yo soy Ouati, señor del fuego; cualquiera que se eleve contra mí, maldito sea.

Él lo explica: El misterio de la formación dado por Amon es el nombre la red. El que ve al instante lo que es traído, es el nombre del cofre. Otro modo: Es el león luminoso que está en la extremidad. Es el falo de Osiris; o bien es el falo de Ra. El que ha desplegado sus cabellos sobre él y que ha terminado su camino: Es Isis cuando se vela, cuando ella recoge su cabello sobre ella misma. Ouati está en llamas, es el ojo de Ra. En efecto, ya que trae el fuego, le será acordado por el juicio de los habitantes de Ta-nen destruir las almas de sus enemigos.

Este trozo de bravura con la que de Rougé acaba su explicación del capítulo XVII necesitaría un libro completo para mostrar y demostrar punto por punto, el número inconmensurable de errores cometidos. El último es uno de los más aberrantes haciendo coordinar [¡sic!] su pensamiento con el texto jeroglífico: *El que ha desplegado los cabellos... Es Isis cuando se vela, cuando ella recoge su cabello sobre ella misma.* De alguna forma debía explicar estos dos ideogramas de "cabello" dentro del contexto y sus ideas limitadas.

En cuanto a la puntuación del escriba Ani, simplemente ha desaparecido. Aquí hay más explicaciones, o solamente dos, ya que las otras variantes se han borrado completamente del texto.

Desgraciadamente todas las interpretaciones que siguieron a esta de 1860, se inspiraron en ella. Pierret en 1882 y Amelineau en 1910. Lo mismo ocurrió con el *Tratado de Isis y Osiris* escrito por Plutarco hace más de 2000 años, era un montón de abominaciones, como lo he demostrado en el libro del *Gran Cataclismo,* únicamente escrito como cuento agradable para los griegos. Sin embargo, el número de eruditos serios que se han inspirado en ello es prácticamente incalculable. De manera que en lugar de citar la copia de Amelineau, voy a escribir su comentario final que sirve de conclusión a su *Estudio sobre el capítulo XVII del Libro de los Muertos* publicado en 1910, tomo XVI, en el *Journal Asiatique*:

> *Al principio de todas las cosas, cuando no había ni cielo ni tierra, ni dioses, ni hombres, ni muerte, ni vida, existía el abismo primordial que los egipcios designaron bajo el nombre de Noun. En ese Noun había un dios que no existía, designado por el nombre de Toum, o El que no era. Ese dios que no era, consiguió sin embargo llegar a la existencia, es decir, que pasó de la potencia al acto, y se manifestó por el primer ser que los egipcios podían concebir, o sea, el Sol, o Ra. Este dios, Ra, existía solo y debiendo sacar de él todos los nuevos seres, se valió de un método tan bárbaro como primitivo, el de masturbarse hasta sangrar y que las gotas de sangre se convirtiesen en dioses, porque los egipcios no podían imaginar otro dios que antropomorfo, con todas las costumbres humanas. Pero esta manera pareció muy brutal a algunos pensadores y prefirieron hacer disfrutar a Ra en él mismo por una vía de generación espontánea, dos seres distintos, a saber, Schou y Tefnout; y desde entonces, la diferenciación de los sexos, una vez hecha se mantuvo para siempre, y de dos en dos seres consecutivos, por vía de* syzygy, *el mundo se pobló primero de dioses, después de héroes y a continuación de hombres y mujeres ordinarios.*

EL LIBRO DEL MÁS ALLÁ DE LA VIDA

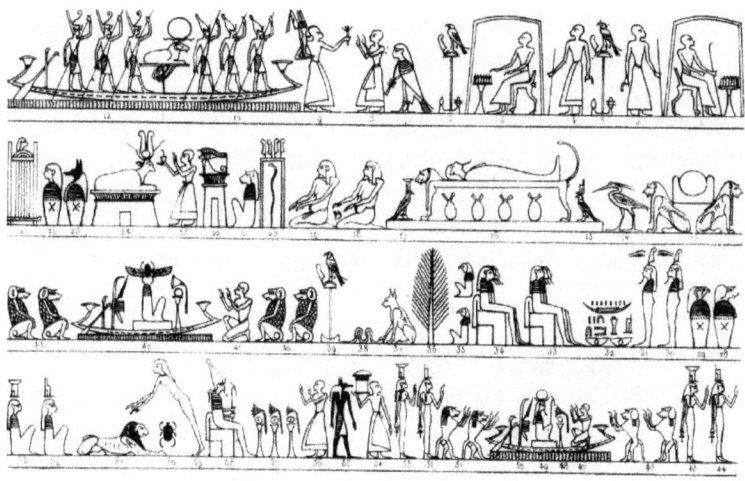

(Este dibujo es un condensado de la totalidad del capítulo XVII, de la XVII dinastía, aparecido en el estudio de de Rougé en 1860, y del cual Amelineau se inspirará claramente para sus interpretaciones. Esta errónea disposición (que será restablecida más adelante) ha contribuido a oscurecer los textos comentados de los citados autores, pero ello no excusa la ceguera casi deliberada que han tenido frente a la realidad de los hechos).

> *Pero este Ra, o el Sol, cada noche después de haber realizado su carrera, desaparecía a los ojos de los egipcios para renacer el día siguiente en una nueva vida. Cuando descendía en la montaña occidental, estaba muerto. Él era el dios Toum, el dios convertido en nada, sólo un cuerpo muerto que debía volver a tomar su existencia antes de reaparecer en la bóveda del cielo. La vida de los dioses no era otra que la vida de los hombres, y debiendo finalizar fatalmente por la muerte a la cual nadie escapa, acababa, pues, con la muerte, con una muerte que imitaba a la de Ra, su creador, excepto en un punto: Acerca del renacimiento. Porque una vez muerto, era para siempre, y ellos se convertían en dioses por el mismo hecho de su muerte y de su bajada siguiendo a Ra en los Infiernos.*

Esta es la conclusión de un largo estudio realizado por de Rougé, que era una de las más eminentes personalidades del mundo sabio de la mitad del siglo XIX. Era tanto egiptólogo como religioso, y yo creo que fue en este falso concepto teológico, aún de uso en su época, que debemos comprender la desviación aberrante de las tesis mantenidas por él en la interpretación de este capítulo XVII, esencial para el correcto conocimiento del monoteísmo primordial que, tal y como sabemos ahora, no enturbia de modo alguno al cristianismo, sino que aporta, por el contrario, pruebas suplementarias de lo bien fundado de la creencia en que Cristo es realmente el hijo de Dios a pesar de su nacimiento en un matrimonio pobre de Belén.

Para un erudito como de Rougé, nada más normal que establecer una concordancia entre este capítulo XVII y la tesis de los gnósticos de los primeros siglos de nuestra era, para preservar la "integridad" del Antiguo Testamento tal y como estaba concebido por los teólogos de 1860.

En efecto, gracias a dos de los más ilustres miembros, Basilide y Valentin, hemos tenido conocimiento de una teoría mucho más antigua que ellos mismos, que *la nada se convirtió en algo creándose de ella misma*. Es este concepto el que reaparece en el comentario, reproducido íntegramente aquí abajo, en el que sin duda se ha inspirado.

Teniendo una base matemática bastante sólida, yo podría citar el axioma siguiente, incorruptible en el fondo y en la forma: un conjunto vacío no tiene nada, ya que está vacío. De ahí la conclusión lógico de que nada jamás podrá salir del vacío, ya que en él no se puede crear nada. Pero esta forma imaginada debió complacer a estos gnósticos, que no debemos confundir con los místicos, porque podría favorecer un renacer necesario en los pensamientos espirituales de los primeros siglos desgarrados en varias tendencias, de lo que el barbarismo romano se aprovechó alegremente e, innegablemente, el origen del monoteísmo fue conservado por este medio.

Lo que quizá también había podido desarmar a De Rougé para una interpretación objetiva era la vista de las innumerables viñetas dibujadas en el papiro refiriéndose al capítulo XVII. Es fácil ver sobre la reproducción que sigue, extraída del texto del eminente autor, lo que podría significar una adoración bárbara y primitiva.

EL LIBRO DEL MÁS ALLÁ DE LA VIDA

En otro libro que aparecerá[18], demostraré como podría ser interpretada, por una civilización avanzada del siglo 80, nuestra iconografía si se hubiese perdido y olvidado durante cinco milenios; como se podrían describir las esculturas del pórtico central de Notre-Dame de París y los bajorrelieves que están situados a la derecha, llamados la escena del Juicio Final, teniendo en cuenta, por supuesto, que el resto de la capital ya hubiera desaparecido, pues el resultado obtenido es absolutamente idéntico en relación a la vista del Zodíaco de Dendera por nuestros sabios y de la escena del Juicio Final de las Almas que lo acompaña, y no he cambiado ni una palabra, ni una coma.

Veamos mejor la recapitulación de los versículos en concordancia con la larga interpretación de de Rougé incluyendo la misma viñeta, pero en su orden real, y dando una construcción léxica más moderna a esta conclusión de la teología tentirita. Una nueva numeración, por supuesto, servirá de referencia precisa a las diversas explicaciones del texto. Los números entre paréntesis permitirán su mejor referencia.

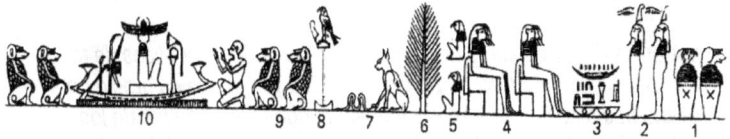

Así vivieron bajo la bóveda celeste, en la observancia de los Mandamientos de la Ley de Dios, los Descendientes de los Dos Hermanos gracias a la muerte de Ousir que recompró así el alma de Ousit, su Menor convertido en Sit. Y el Cielo se convirtió en el reflejo de la Palabra del Creador, que los Menores de los Gemelos, observaron escrupulosamente para volver a vivir en paz sin temer un nuevo Gran Cataclismo en su Segundo Corazón.

Eso fue posible después de la destrucción predicha por las Combinaciones Celestes para permitir acceder a la Morada de Arriba, por el regreso del Sol

---

[18] L'Apocalypse de la 8° vision.

en la constelación de Leo, la Palabra Divina habiendo ordenado a esta combinación astral volver atrás (18).

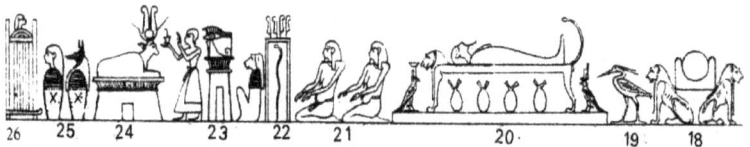

Los dos leones adosados el uno contra el otro representan perfectamente el Sol que se encuentra descansando entre ellos sobre el jeroglífico del cielo al revés, es decir, el antiguo. El primer león mira a occidente, ahí donde el globo solar ha caído, tragándose a Aha-Men-Ptah, la Atlántida platónica, el otro mira a oriente, ahí donde nuestro astro del día, desde entonces, cada mañana se levanta.

La importancia de las palabras ordena los actos privados y públicos de todos los habitantes, porque El Verbo perpetúa la Vida y lo que le es propio para llevarla hasta su fin. Así escribe Ani, el Escriba Descendiente de los Sacerdotes Servidores del Primogénito, a las órdenes de la Voluntad-Una, que no obedece más que las órdenes definidas por Dios para el cielo del nuevo León, recuerdo constante del sacrificio de Iset en el antiguo León. (16).

(16) El sacrificio de Iset, que se convertirá después en la Dama del Cielo y la Protectora de los Vivos, está representado aquí de forma simbólica y puede chocar a nuestros espíritus contemporáneos, ya que Iset está en su mayor desnudez cosa que en aquellos tiempos no era más que una representación de las más naturales para los acontecimientos que representaba. En efecto, en el momento del Gran Cataclismo, Iset salió de Aha-Men-Ptah desprovista de todo, en todos los sentidos del término, ya que incluso no tenía a su hijo Horus, casi moribundo, ni a su esposo Osiris que ella creía muerto. Ella basculaba como el León, pero felizmente para ella, el escarabajo, representando la Vida por la Palabra Divina, la protegió sin que ella lo supiera, y si ella se veía muerta como su hermana Nek-Bet (Neftis), ambas están (17) en su forma de dormidas en el Más Allá de la Vida,

ellas volverán a (18) revivir bajo el nuevo León para salvar a Osiris (20) y hacer revivir a Horus, que está representado bajo la forma de un gavilán a cada lado de su sueño (protegido por la Dos Divinas de las cuales lleva la cofia) y permitir a toda la multitud nacer en el Segundo Corazón (19) representado por el Ibis, gracias a los Cuatro Hijos de Horus (los cuatro corazones bajo Osiris dormido).

Los destinos predeterminados por Dios desde el renacimiento, han permitido a los menores llegar al segundo reino prometido por Dios en su bondad. Así todos los hijos vivieron en paz en el orden, las cabelleras rebeldes se unieron a las de los seguidores de Horus.

Así, los Cuatro salidos de la Madre no procrearon en vano. Así, la buena Profetisa no anunció el sufrimiento a unos ciegos ni tampoco la alegría. Guiados hacia la luz, los nativos y los redimidos de los dos clanes repoblaron la inmensidad, (de 1 a 10).

(1 a 10) Este pasaje que el versículo 40 del papiro de Ani es una pequeña parte de la larga interpretación del último versículo ficticio de de Rougé, que el lector pudo leer extensamente con anterioridad
Esta clasificación es un atajo referente a la primera parte del dibujo retomado bajo los número de 1 a 10.
En (1) tenemos al gavilán Horus y a su tío Set en forma canina, ya que son ellos dos los que luchan antes del final de Aha-Men-Ptah, y no Osiris y Ousit (que es Set). Horus desea ser el Vengador de su Padre (2) que es doble ya que está considerado muerto mientras aún vive soportando el Alma del Mundo, es decir, la misma Creación. De ahí el recuento de las generaciones sucesivas salidas de Iset (3), tanto por la continuación de Geb (4) como de Nut, su madre, (la Gata en 7) bajo el Sicomoro Sagrado (6).
Venciendo a la serpiente, o al Malo, el Maligno de Set (7), Iset permite a Horus conservar su alma bajo los cataclismos del antiguo cielo (8), así como a una parte de la Humanidad (9). En efecto, los monos se parecen a los hombres de los que no se podía dibujar la imagen. Aquí están vestidos cálidamente para su tránsito sobre el agua en furia ocurra lo mejor posible. Ellos

acompañan a la Mandjit que lleva a Osiris (10) cuya muerte era debida al cuchillo de su hermano, representado aquí en una embarcación colocada en la Mandjit.

Todos los brazos de este corazón, bendito sea eternamente, se elevarán para hacer revivir la ley de la cual nada deberá ser escondido. Diez milenios de combates fraticidas y sangrientos han enviudado el final del primer corazón, hundiendo a Aha-Men-Ptah. Los espíritus avisados sólo armarán sus brazos con valentía para edificar el reino-Uno en el corazón-Dos, que es el nombre divino del primer corazón de Dios, Ath-Ka-Ptah. Si el gavilán se funde en el gran espíritu, los mandamientos sobrevolarán miles de años para inspirar el temor de Dios, único bienhechor que permite acceder al más allá de la vida en el reino de los bienaventurados. En verdad, el resucitado de la piel los acogerá en la eternidad, donde ellos volverán a vivir cerca de su madre, de la que sigue siendo el amado de su corazón: el Corazón Primogénito.

(21 a 26) Ahora que la serpiente y las almas despreciables están encarceladas (22), los valerosos (21) pueden empezar la construcción del Reino de Dios sobre la Tierra Prometida. Set está dormido y se mantiene al margen de la Creación (23). La explicación de este ojo que significa la Creación ha sido objeto de un capítulo completo (libro Gran Cataclismo), que sería bueno leer para comprender que esta imagen define la totalidad del capítulo XVII.
Y el corazón renaciente de sus cenizas es presentado a Osiris, convertido en el Toro Celeste (24) en prueba de veneración de los Menores de los Dos Clanes, personificados por los descendientes de Set y de Horus (25). Lo que permitirá por fin al Resucitado de la Piel acoger en la Eternidad, cerca de su madre, indistintamente todas la Criaturas del Creador (26).

Porque la dominación de Osiris sigue siendo eterna sobre todas las cosas y sobre todos los seres, ya que es el Primogénito de Dios: el Aha. Ya que la desolación cataclísmica jamás abordó la *Gran Morada de Arriba*. Porque el reino de lo cielos pertenece siempre a los que temen al Todopoderoso y le obedecen. Por ello siempre están en adoración frente al primogénito, el generador bien amado de la multitud, fielmente secundado por el sol, uniendo las cabelleras de todos sobre las dos tierras.

Y desde lo alto de los cielos, los dos hijos de Nut contemplan sus progenituras que reciben los influjos y los beneficios del cielo sobre las cabelleras reunidas. Y después, todos los hijos de Dios que nacerán recibirán las ventajas dispensadas a sus propias imágenes a fin de que prosperen y se multipliquen bajo un sol revivificado.

(27 a 32) Este dibujo en su final es parecido a la conclusión del texto de Ani a pesar de que haber 820 años de separación. El papiro era de la XII dinastía, y el dibujo de la XVIII. Sin embargo son idénticos porque la situación política incluía aún el antagonismo de los dos hermanos que había llevado al poder un Adorador del Sol. Bajo el escriba Ani, estaba Sesotris, cuyo nombre estaba helenizado, su denominación en jeroglífico era Kheperi-KaRa Senousret, y no era precisamente blando respecto a los seguidores de Horus.
Al igual que durante la XVIII fue el gran época de los Tutmosis y de los Amenofis, siendo el más célebre el IV que tomó el nombre de Akhenaton para restablecer el poder de Ptah. NO duró mucho, y su sucesor Tutank-Aton tuvo que abjurar y retomar el antiguo culto solar bajo el nombre de Tutank-Amon. Esto permite comprender mejor el final del dibujo donde el carnero ha sustituido al toro.
El escriba Ani en su jeroglífica mantiene intacta la presencia eterna de Osiris a pesar de la preponderancia de Amon, para asegurar la Eternidad del texto. Y el dibujante ridiculiza a los sacerdotes solares con el cráneo rapado (27) haciéndoles mirar hacia la derecha, es decir, hacia el lado opuesto al Reino de los Bienaventurados Dormidos de Aha-Men-Ptah. Mientras que los les son aparentemente semejantes (28), pero están entre dos gavilanes y llevan la falda de los Servidores de Dios, miran hacia el Poniente (29)
Y si el pájaro tiene una cabeza humana (30) en este lugar, también es para ridiculizar la adoración al carnero Amon, que sólo puede prodigar envolturas carnales sin Parcelas Divinas. Dicho de otro modo, quieren demostrar que sólo cuerpos sin almas adoran esta creación retrógrada de un Rebelde (32).

Hemos llegado al final de este estudio que, espero, habrá interesado al lector y apasionado al investigador. Es evidente que sólo se trata del inicio en el desarrollo de la teología que nos llega directamente del origen del primer primogénito, y que todas las buenas voluntades acerca de la egiptología y de todas sus sutilezas, será apto para desarrollar estos trabajos preliminares, se podrá utilizar en los ámbitos históricos o religiosos así como para una comprensión definitiva de la jeroglífica cuyo único objetivo fue la escritura de los textos sagrados.

BIBLIOGRAFÍA

Étude sur le Chap. 17 du *Livre des Morts*, in « Le journal asiatique », 1910, Émile Amelineau

Traité de philosophie selon les Égyptiens, Aristote

Étude des idées morales et religieuses des Égyptiens (Thèse de doctorat), J. Baillet, 1912.

LIVRE DES MORTS, P. Barguet, 1967

Le Livre des Rois, E. Brugsch, 1887

Le papyrus Harris, Fr. Chabas, 1860

Denderah, 6 volumenes, E. Chassinat, 1911

Les stromates, Clément d'Alexandrie,

Le livre des morts, Ch. Davies, 1894.

Le papyrus Ebers, G. Ebers, 1875.

Hor-Ahâ, W. B. Emery, 1939.

Le Bélier Mendès, Cl. Gaillard, 1901.

Les papyrii de Berlin, A. Gardiner, 1908.

Éléments de la langue sacrée des Égyptiens, A. de Goulianof, 1839.

Les Papyrii de Saint-Pétersbourg, W. Golenitscheff, 1876.

Hymne à Amon-Râ, E. Grebaut, 1879.

Deux papyrus de Tanis, G. Griffith, 1889.

Hymne au Nil, P. Guieysse, 1890.

Lamentations d'Isis et Nephtys, J. de Horrack, 1866.

Götterglaube, H. Kees, 1912.

LE LIVRE DES MORTS, G. Kolpaktchy, 1964.

Recueil de monuments égyptiens, M. Lacau, 1904.

Book of Dead, H. Lepage-Renouf, 1904.

Livre des respirations, Dr J. Lieblein, 1893.

Rituel des fêtes d'Osiris à Dendérah, V. Loret, 1893.

Description du Grand Temple de Dendérah, Auguste Mariette, 1875.

Rituel du culte divin, Al. Moret, 1902.

La litanie au Soleil, Ed. Naville, 1875.

LE LIVRE DES MORTS, P. Pierret, 1822.

Rituel Funéraire du Chapitre XVII, Em. de Rouge, 1860.

Dramatische Texte, K. Sethe, 1929.

Papyrus de Nefer-Rempet, L. Speelers, 1932.

Book of Dead, A. Wallis-Budge, 1898.

OTROS TÍTULOS

Omnia Veritas Ltd presenta:

HISTORIA PROSCRITA
I
LOS BANQUEROS Y LAS REVOLUCIONES

POR

VICTORIA FORNER

Los procesos revolucionarios necesitan agentes, organización y, sobre todo, financiación, dinero.

LAS COSAS NO SON A VECES LO QUE APARENTAN...

OMNIA VERITAS

Omnia Veritas Ltd presenta:

HISTORIA PROSCRITA II
LA HISTORIA SILENCIADA DE ENTREGUERRAS

POR

VICTORIA FORNER

"El verdadero crimen es acabar una guerra con el fin de hacer inevitable la próxima."

EL TRATADO DE VERSALLES FUE "UN DICTADO DE ODIO Y DE LATROCINIO"

OMNIA VERITAS

Omnia Veritas Ltd presenta:

HISTORIA PROSCRITA III
LA II GUERRA MUNDIAL Y LA POSGUERRA

POR

VICTORIA FORNER

Distintas fuerzas trabajaban para la guerra en los países europeos

MUCHOS AGENTES SERVÍAN INTERESES DE UN PARTIDO BELICISTA TRANSNACIONAL

OMNIA VERITAS

Omnia Veritas Ltd presenta:

HISTORIA PROSCRITA IV
HOLOCAUSTO JUDÍO, NUEVO DOGMA DE FE PARA LA HUMANIDAD

POR

VICTORIA FORNER

Nunca en la historia de la humanidad se había producido una circunstancia como la que estudiaremos...

UN HECHO HISTÓRICO SE HA CONVERTIDO EN DOGMA DE FE

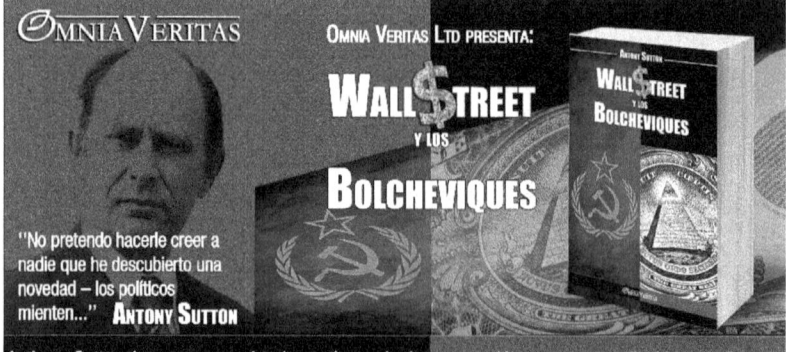

Omnia Veritas Ltd presenta:

EUROPEA Y LA IDEA DE NACIÓN
seguido de
HISTORIA COMO SISTEMA
por
JOSÉ ORTEGA Y GASSET

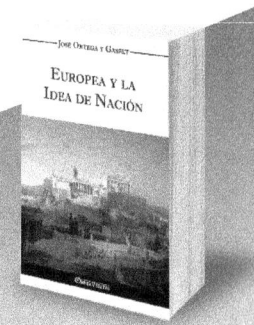

Pero la nación europea llegó a ser "nación" porque añadiera formas de vida que pretenden representar una "manera de ser hombre"

Un programa de vida hacia el futuro

Omnia Veritas Ltd presenta:

FRANCO
por
JOAQUÍN ARRARÁS

"La alegría del alma está en la acción." De Marruecos sube un estruendo bélico, que pasa como un trueno sobre España.

Caudillo de la nueva Reconquista, Señor de España

Omnia Veritas Ltd presente:

LA GUERRA OCULTA
de
Emmanuel Malynski

En esencia, **La Guerra Oculta** es una metafísica de la historia, es la concepción de la perenne **lucha entre dos opuestos** órdenes de fuerzas...

La Guerra Oculta es un libro que ha sido calificado de "maldito"

El análisis más anticonformista de los hechos históricos

Omnia Veritas Ltd presenta:

RENÉ GUÉNON
APRECIACIONES SOBRE EL ESOTERISMO CRISTIANO

« Este cambio convirtió al cristianismo en una religión en el verdadero sentido de la palabra y una forma tradicional ... »

Las verdades esotéricas estaban fuera del alcance del mayor número...

Omnia Veritas Ltd presenta:

RENÉ GUÉNON
AUTORIDAD ESPIRITUAL Y PODER TEMPORAL

"La distinción de las castas constituye, en la especie humana, una verdadera clasificación natural a la cual debe corresponder la repartición de las funciones sociales."

La igualdad no existe en realidad en ninguna parte

Omnia Veritas Ltd presenta:

RENÉ GUÉNON
EL ERROR ESPIRITISTA

En nuestra época hay muchas otras "contraverdades" que es bueno combatir...

Entre todas las doctrinas "neoespiritualistas", el espiritismo es ciertamente la más extendida

EL LIBRO DEL MÁS ALLÁ DE LA VIDA

OMNIA VERITAS

« Dante indica de una manera muy explícita que hay en su obra un sentido oculto, propiamente doctrinal, del que el sentido exterior y aparente no es más que un velo »

... y que debe ser buscado por aquellos que son capaces de penetrarle

OMNIA VERITAS

"Cuando consideramos lo que es la filosofía en los tiempos modernos, no podemos impedirnos pensar que su ausencia en una civilización no tiene nada de particularmente lamentable."

El Vêdânta no es ni una filosofía, ni una religión

OMNIA VERITAS

OMNIA VERITAS LTD PRESENTA:

RENÉ GUÉNON

EL REINO DE LA CANTIDAD Y LOS SIGNOS DE LOS TIEMPOS

« Porque todo lo que existe de alguna manera, incluso el error, necesariamente tiene su razón de ser »

... y el desorden en sí mismo debe encontrar su lugar entre los elementos del orden universal

OMNIA VERITAS LTD PRESENTA:
RENÉ GUÉNON
EL REY DEL MUNDO

"Un principio, la Inteligencia cósmica que refleja la Luz espiritual pura y formula la Ley"

El Legislador primordial y universal

Omnia Veritas Ltd presenta:
RENÉ GUÉNON
EL SIMBOLISMO DE LA CRUZ

«La consideración de un ser en su aspecto individual es necesariamente insuficiente»

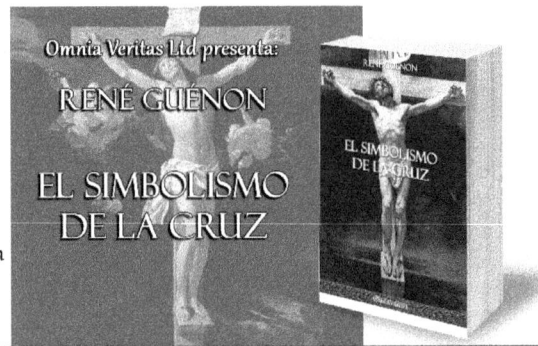

... puesto que quien dice metafísico dice universal

OMNIA VERITAS LTD PRESENTA:
RENÉ GUÉNON
EL TEOSOFISMO
HISTORIA DE UNA SEUDORELIGIÓN

"Nuestra meta, decía entonces Mme Blavatsky, no es restaurar el hinduismo, sino barrer al cristianismo de la faz de la tierra"

El término teosofía sirvió como una denominación común para una variedad de doctrinas

EL LIBRO DEL MÁS ALLÁ DE LA VIDA

OMNIA VERITAS

OMNIA VERITAS LTD PRESENTA:

RENÉ GUÉNON

ESTUDIOS SOBRE EL HINDUÍSMO

"Considerando la contemplación y la acción como complementarias, nos emplazamos en un punto de vista ya más profundo y más verdadero"

... la doble actividad, interior y exterior, de un solo y mismo ser

OMNIA VERITAS

Omnia Veritas Ltd presenta:

RENÉ GUÉNON

ESTUDIOS SOBRE LA FRANCMASONERIA Y EL COMPAÑERAZGO

«Entre los símbolos usados en la Edad Media, además de aquellos de los cuales los Masones modernos han conservado el recuerdo aun no comprendiendo ya apenas su significado, hay muchos otros de los que ellos no tienen la menor idea.»

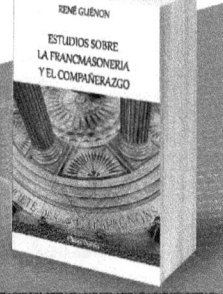

la distinción entre "Masonería operativa" y "Masonería especulativa"

OMNIA VERITAS

OMNIA VERITAS LTD PRESENTA:

RENÉ GUÉNON

FORMAS TRADICIONALES Y CICLOS CÓSMICOS

« Los artículos reunidos en el presente libro representan el aspecto más "original" de la obra de René Guénon.»

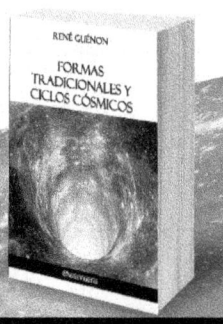

Fragmentos de una historia desconocida

Omnia Veritas Ltd presenta:

RENÉ GUÉNON
INICIACIÓN
Y
REALIZACIÓN ESPIRITUAL

« Necedad e ignorancia pueden reunirse en suma bajo el nombre común de incomprensión »

La gente es como un "reservorio" desde el cual se puede disparar todo, lo mejor y lo peor

OMNIA VERITAS LTD PRESENTA:

RENÉ GUÉNON
INTRODUCCIÓN GENERAL AL ESTUDIO DE LAS DOCTRINAS HINDÚES

« Muchas dificultades se oponen, en Occidente, a un estudio serio y profundo de las doctrinas orientales »

... este último elemento que ninguna erudición jamás permitirá penetrar

Omnia Veritas Ltd presenta:

RENÉ GUÉNON
LA CRISIS DEL MUNDO MODERNO

«Parece por lo demás que nos acercamos al desenlace, y es lo que hace más posible hoy que nunca el carácter anormal de este estado de cosas que dura desde hace ya algunos siglos»

Una transformación más o menos profunda es inminente

EL LIBRO DEL MÁS ALLÁ DE LA VIDA

OMNIA VERITAS

«En todo ternario tradicional, cualesquiera que sea, se quiere encontrar un equivalente más o menos exacto de la Trinidad cristiana»

Omnia Veritas Ltd presenta:

RENÉ GUÉNON

LA GRAN TRÍADA

se trata muy evidentemente de un conjunto de tres aspectos divinos

OMNIA VERITAS

«La metafísica pura, al estar por esencia fuera y más allá de todas las formas y de todas las contingencias»

no es ni oriental ni occidental, es universal

OMNIA VERITAS

«Vamos a hablar de un hombre extraordinario en el sentido más estricto de la palabra. Pues no es posible definirlo ni "clasificarlo".»

Omnia Veritas Ltd presenta:

PAUL CHACORNAC

LA VIDA SIMPLE DE RENÉ GUÉNON

Por su inteligencia y su saber, el fue, durante toda su vida, un hombre oscuro

«Según la significación etimológica del término que le designa, el Infinito es lo que no tiene límites»

La noción del Infinito metafísico en sus relaciones con la Posibilidad universal

OMNIA VERITAS LTD PRESENTA:

RENÉ GUÉNON

LOS PRINCIPIOS DEL CÁLCULO INFINITESIMAL

«... nos ha parecido útil emprender este estudio para precisar algunas nociones del simbolismo matemático»

Esa ausencia de principios que caracteriza a las ciencias profanas

OMNIA VERITAS LTD PRESENTA:

RENÉ GUÉNON

MISCELÁNEA

"Hay cierto número de problemas que constantemente han preocupado a los hombres, pero quizás ninguno ha parecido generalmente tan difícil de resolver como el del origen del Mal"

Este dilema es insoluble para aquellos que consideran la Creación como la obra directa de Dios

EL LIBRO DEL MÁS ALLÁ DE LA VIDA

Omnia Veritas Ltd presenta:

RENÉ GUÉNON
ORIENTE Y OCCIDENTE

«La civilización occidental moderna aparece en la historia como una verdadera anomalía...»

Esta civilización es la única que se ha desarrollado en un aspecto puramente material

OMNIA VERITAS LTD PRESENTA:

RENÉ GUÉNON
ESCRITOS PARA
REGNABIT

«Esa copa sustituye al Corazón de Cristo como receptáculo de su sangre. ¿Y no es más notable aún, en tales condiciones, que el vaso haya sido ya antiguamente un emblema del corazón?»

El Santo Grial es la copa que contiene la preciosa Sangre de Cristo

OMNIA VERITAS LTD PRESENTA:

RENÉ GUÉNON
SÍMBOLOS DE LA CIENCIA SAGRADA

«Este desarrollo material ha sido acompañado de una regresión intelectual, que ese desarrollo es harto incapaz de compensar»

¿Qué importa la verdad en un mundo cuyas aspiraciones son únicamente materiales y sentimentales?

www.omnia-veritas.com

www.ingramcontent.com/pod-product-compliance
Lightning Source LLC
Chambersburg PA
CBHW050131170426
43197CB00011B/1790